Susanne Daum und Hans-Jürgen Hantschel

55 kommunikative Spiele

Ernst Klett Sprachen
Stuttgart

Bildquellennachweis

75.2 Stadtmessungsamt (Klett-Archiv), Stuttgart; **125.1**; **125.2**; **125.3**; **125.4**; **125.5**; **125.6**; **125.7**; **125.8**; **125.9**; **125.10**; **125.11**; **125.12**; **125.13**; **125.14**; **125.15**; **125.16**; **125.17**; **125.18**; **125.19**; **125.20**; **125.21**; **125.22**; **125.23**; **125.24**; **125.25**; **125.26**; **125.27**; **125.28**; **125.29**; **125.30**; **125.31**; **125.32**; **125.33**; **125.34**; **125.35** Thinkstock (Hemera), München; **128.1**; **128.6**; **128.18** Thinkstock (Hemera), München; **128.2** Thinkstock (Brand X Pictures), München; **128.3** Fotolia.com (Pixelot), New York; **128.4**; **128.5**; **128.10**; **128.12**; **128.13**; **128.14**; **128.15**; **128.17**; **128.19**; **128.20** Thinkstock (iStockphoto), München; **128.7** Thinkstock (Photodisc), München; **128.8**; **128.21** Thinkstock (Stockbyte), München; **128.9** Thinkstock (Comstock), München; **128.11** Thinkstock (PhotoObjects.net), München; **128.16** Fotolia.com (Neobrain), New York; **135** Klett-Archiv (Sandra Vrabec), Stuttgart

Sollte es einmal nicht gelungen sein, den korrekten Rechteinhaber ausfindig zu machen, so werden berechtigte Ansprüche selbstverständlich im Rahmen der üblichen Regelungen abgegolten. Die Positionsangabe der Bilder erfolgt je Seite von oben nach unten, von links nach rechts.

1. Auflage   1 $^{10\ 9\ 8\ 7\ 6}$ | 2020 19 18 17 16

Redaktion: Eva Neustadt
Layoutkonzeption: Sandra Vrabec
Gestaltung und Satz: DOPPELPUNKT, Stuttgart
Umschlaggestaltung: Sandra Vrabec
Titelbild: shutterstock (Sergey Furtaev), New York, NY
Druck und Bindung: Medienhaus Plump GmbH, Rheinbreitbach
Printed in Germany

ISBN 978-3-12-675184-1

Inhaltsverzeichnis

Wie dieses Buch aufgebaut ist

Sie finden in diesem Buch 55 Spiele zur mündlichen Kommunikation. Das Besondere ist, dass der überwiegende Teil der Spiele einzelnen *Szenarien* zugeordnet ist – kommunikativen Handlungsmustern, die sich in ihrem typischen Aufbau in scheinbar ganz unterschiedlichen Situationen finden.

Für Lernende wird durch die Kenntnis der wichtigsten Szenarien der Dschungel deutschsprachiger Alltagskommunikation viel übersichtlicher und leichter zu handhaben.

Der erste Teil des Buches gibt Ihnen zunächst einen Überblick über die im Alltag häufigsten Szenarien sowie wichtige Hinweise, wie Sie die Spiele besonders effektiv im Unterricht einsetzen können.

Gliederung des Buches

Die 55 kommunikativen Spiele finden Sie im zweiten Teil:
* Szenarienspezifische Spiele (Spiele für die einzelnen Szenarien)
* Szenarienübergreifende Spiele und Wiederholungsspiele
* Spiele zur Vermittlung neuer Redemittel
* Spiele zur Vermittlung nützlicher Strategien (nonverbale Feedbacksignale, Verständnissicherungstechniken, Kompensation fehlenden Wortschatzes)
* Spiele zur Nachbereitung (Korrektur und Feedback an die Lernenden)
* Spiele zum Registertraining

Außerdem gibt es einen *Spielefinder*. Wer viel Material für die Unterrichtvorbereitung besitzt, kennt das Problem: „Da war doch so ein tolles Spiel, ich glaube, in dem Buch mit dem grünen Einband, eher am Ende …". Wenn Sie ein Spiel aus diesem Buch schon einmal durchgeführt haben, wird ein kurzer Blick in den Spielefinder helfen, es schnell wiederzufinden.

Spielefinder

Es werden folgende Abkürzungen verwendet:
TN = Teilnehmer/Teilnehmerin bzw. Teilnehmer und Teilnehmerinnen
KL = Kursleiter/Kursleiterin

Abkürzungen

Was sind Szenarien?

Nehmen wir einmal an, Sie klingeln an der Tür Ihrer Nachbarin, um sie darum zu bitten, nach der Wohnung zu schauen, weil Sie für eine Woche verreisen. Würden Sie einfach klingeln und sagen:

ein Szenario

„Guten Tag. Schauen Sie bitte nach meiner Wohnung." – Sicherlich nicht.

Sie würden also zuerst Ihre Nachbarin begrüßen. Dann würden Sie ein wenig plaudern, z. B. nach dem Befinden fragen oder über das Wetter sprechen. Danach erst würden Sie mit bestimmten Redemitteln zum eigentlichen Thema lenken („Ach, was ich Sie fragen wollte …"), das Thema begründen („Ich bin eine Woche im Urlaub …") und dann Ihre Bitte aussprechen („Könnten Sie …?").

Damit hätten Sie ein Szenario durchgespielt, nämlich das Szenario **Um einen Gefallen bitten**. Szenarien sind Abfolgen kommunikativer Handlungen, die nach bestimmten Mustern ablaufen.

Szenarien: Abfolgen von authentischen kommunikativen Handlungen

Um welche Szenarien geht es hier?

Wir beschränken uns hier auf die 13 wichtigsten Szenarien, die im Handbuch zum Zertifikat Deutsch B1 des Goethe-Instituts (1999) oder auch für die Europäischen Sprachenzertifikate beschrieben werden.

Diese lassen sich nach ihren kommunikativen Zielen in vier Hauptgruppen unterteilen:

- Das Verhalten anderer beeinflussen
- Soziale Kontakte pflegen
- Informationen austauschen
- Meinungen austauschen

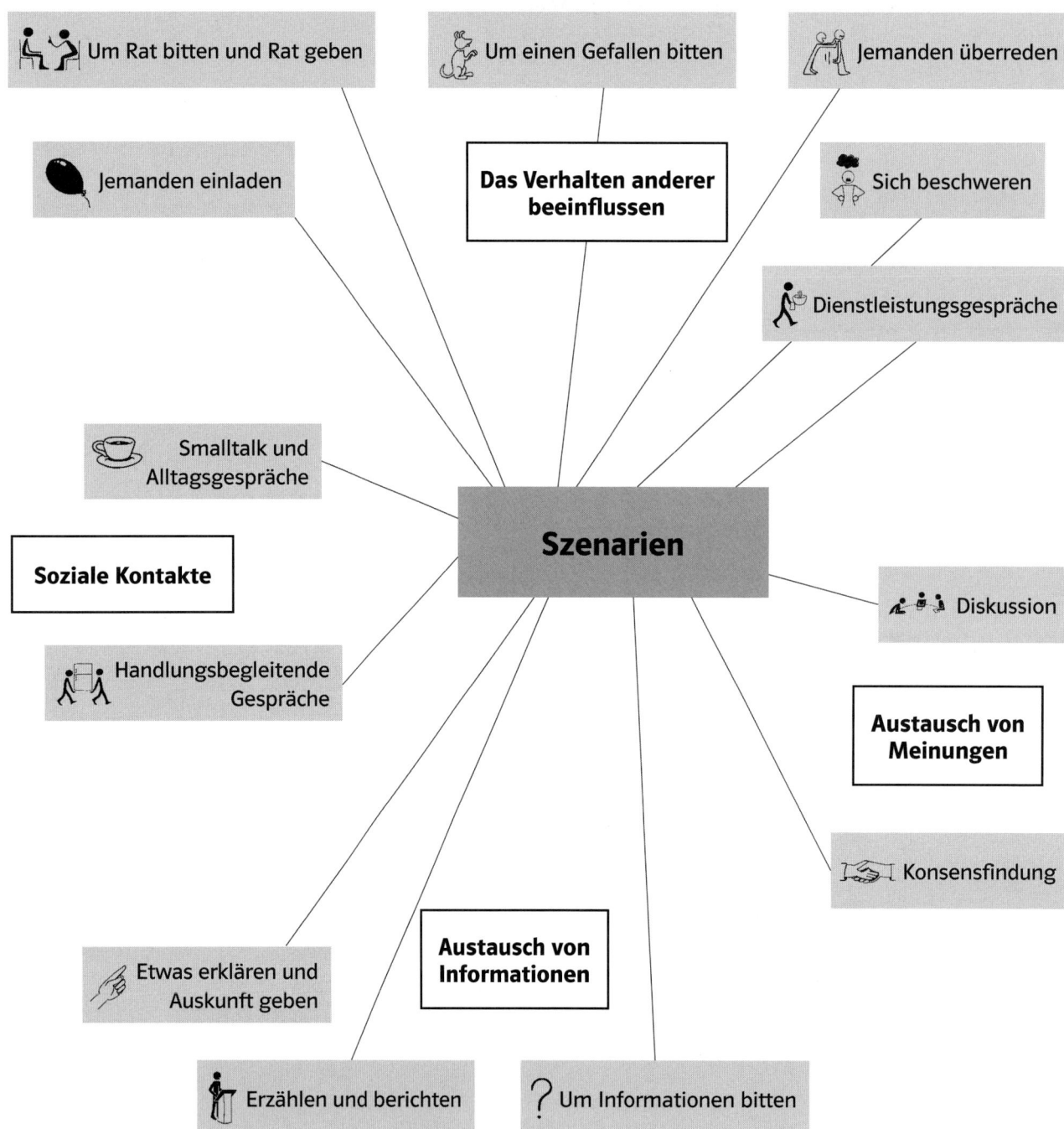

Um Rat bitten und Rat geben

Um einen Gefallen bitten

Jemanden überreden

Jemanden einladen

Das Verhalten anderer beeinflussen

Sich beschweren

Dienstleistungsgespräche

Smalltalk und Alltagsgespräche

Szenarien

Soziale Kontakte

Diskussion

Handlungsbegleitende Gespräche

Austausch von Meinungen

Konsensfindung

Etwas erklären und Auskunft geben

Austausch von Informationen

Erzählen und berichten

Um Informationen bitten

Szenarien schriftlich und mündlich

Viele Szenarien kommen in gesprochener und in geschriebener Sprache vor.
Sie unterscheiden sich jedoch in der Wahl der Redemittel, es gibt beim Schreiben
größere Unterschiede in der Sprachregisterwahl (formelle / halbformelle / infor-
melle Sprache) als beim Sprechen.

Vergleichen Sie:

geschriebener Text	Phase	mündliche Kommunikation	Phase
Sehr geehrte Frau Schreiber,	Eröffnung / Anrede	Guten Tag, Frau Schreiber. *Guten Tag, Frau Özgül.*	Eröffnung
		Kann ich Sie kurz sprechen?	Kontaktaufnahme
am 15. Mai kann ich leider nicht in den Sprachkurs kommen, weil ich einen wichtigen Arzttermin habe.	eigentliches Thema	*Ja, klar.* Ich habe morgen ein kleines Problem.	Vorbereitung
		Ach ja?	
Bitte entschuldigen Sie mein Fehlen.		Ja. Ich wollte Ihnen sagen, dass ich morgen nicht in den Sprachkurs kommen kann.	eigentliches Thema
Ich wäre Ihnen dankbar, wenn Sie mir mitteilen könnten, was im Unterricht durchgenommen wurde und welche Hausaufgaben wir haben.	Bitte 1	*Das ist aber schade. Warum können Sie denn nicht kommen?*	Reaktion
		Ich habe einen wichtigen Arzttermin.	Begründung
		Es ist doch wohl nichts Schlimmes?	Nachfragen
	Bitte 2	Nein, so schlimm ist es nicht.	
		Könnten Sie mir eine E-Mail mit den Hausaufgaben schicken?	Bitte
		Na klar, kein Problem.	Reaktion
		Ja, dann, vielen Dank.	Dank / Abschied
		Bitte sehr, Frau Özgül. Und alles Gute.	
Vielen Dank. *Mit freundlichen Grüßen* *Sila Özgül*	Dank / Abschied		

Wie man hier sieht, geht man beim Schreiben direkter vor als beim Sprechen. Beim
Sprechen wird das eigentliche Anliegen erst vorbereitet und es gibt eine Gesprächs-
partnerin, die auf die einzelnen Redeteile reagiert. Der Unterschied in der Wahl
von Wortschatz und Redemitteln in geschriebener und gesprochener Sprache muss
den Lernenden verdeutlicht werden. Sonst kann die Kommunikation leicht fehl-
schlagen.
Die Spiele in diesem Buch sind für das Training der mündlichen Kommunikation
gedacht.

Die Sprachprüfungen von A1 bis C2 enthalten im Übrigen auch an die Szenarien   Prüfungsvorbereitung
angelehnte Aufgaben. So muss man sich in einigen Prüfungen vorstellen (Szenario
Auskunft geben), etwas beschreiben (Szenario *Erzählen und berichten*), ein Thema
präsentieren (Szenario *Etwas erklären und Auskunft geben*) oder gemeinsam etwas
planen (Szenarien *Diskussion und Konsensfindung*).

Das bedeutet: Wenn Sie Sprachunterricht nach Szenarien anbieten, bereiten Sie die
Kursteilnehmer/innen automatisch auch auf gängige Prüfungsformate vor.

Wenige Szenarien kennen, viele Situationen bewältigen

Redemittel für
viele Situationen

Charakteristisch für Szenarien ist, dass mit einer relativ kleinen Anzahl an gleichen oder ähnlichen Redemitteln in sehr vielen verschiedenen Situationen gehandelt werden kann. Mit „Guten Tag.", „Ich hätte gern …", „Ich möchte …", „Haben Sie vielleicht auch …?" können Sie z. B. im Restaurant oder Hotel, in Geschäften, in der Apotheke, am Fahrkartenschalter usw. agieren.

Wenn es Ihnen gelingt, dies den Teilnehmer/innen zu vermitteln, kann das die Angst vor dem Unbekannten mindern und einen flexiblen Umgang mit der neuen Sprache ermöglichen.

Soziokultureller und interkultureller Aspekt

soziokultureller Aspekt

Der Aufbau der Szenarien (in der Literatur auch als *Handlungsfelder sprachlicher Kompetenz* oder *Handlungsmuster* bezeichnet) hat dabei sowohl einen soziokulturellen als auch einen interkulturellen Aspekt.

Soziokulturell deshalb, weil die einzelnen Szenarien von bestimmten gesellschaftlichen Konventionen geprägt sind. Denn je nach Zugehörigkeit zu einer sozialen Schicht, Status oder Alter bedienen sich die Gesprächspartner unterschiedlicher sprachlicher Verhaltensmuster. Komiker erzeugen Witz beispielsweise dadurch, dass sie bewusst Personen imitieren, die Redemittel aus der „falschen Schublade" verwenden und somit gegen die Konvention verstoßen.

Ebenso bedeutet ein Unterricht nach Szenarien interkulturelles Lernen. Denn die verwendeten Redemittel und Strategien unterscheiden sich natürlich: In einem Land ist man zum Beispiel direkter und kommt schneller auf den Punkt, in anderen gibt es lange „Smalltalkphasen", bevor man zum eigentlichen Thema kommt.

interkultureller Aspekt

Die sozio- und die interkulturelle Komponente der Szenarien ist daher nicht als zusätzliches Element zu verstehen, sondern als fester Bestandteil authentischer Interaktion. Dies den Lernenden zu vermitteln ist ein wichtiges Lernziel, wenn sie auf das „wirkliche Leben" in der neuen Sprache optimal vorbereitet werden sollen.

optimale Vorbereitung
auf „das wirkliche Leben"

Warum spielerisch Kommunikation trainieren?

Warum soll man im Unterricht Spiele einsetzen? Viele Kursleitende werden sagen, dafür hätten sie in ihrem mit reichlich Lernstoff gefüllten Unterricht gar keine Zeit. Damit haben sie Recht, wenn die Spiele **zusätzlich** eingesetzt werden.

Spiele im Unterricht

Der Einsatz von spielerischen Aktivitäten im modernen Sprachunterricht ist aber nicht als „Extra-Bonbon" zu verstehen, sondern als methodischer Ansatz. Viele Lehr- und Arbeitsbuchübungen können durch Unterrichtsspiele ersetzt werden.

Vorteile von Spielen

Spiele sind handlungsorientiert. Sie geben den Lernenden die Möglichkeit den neuen Stoff direkt auszuprobieren und in einem authentischen Kontext anzuwenden.

Handlungsorientierung

Spiele verdeutlichen den Lernstoff. Durch das praktische Anwenden von Sprache wird den Lernenden klar, wie und in welchen Zusammenhängen die neu erworbenen sprachlichen Strukturen funktionieren.

Verdeutlichung

Spiele eignen sich zur Einübung von Strukturen. Dies geschieht dadurch, dass die Spielaufgaben bestimmte Strukturen oder Redewendungen erfordern, die mehrmals angewendet werden müssen.

Einübung

Spiele wecken Emotionen und sprechen die Sinne an. Dadurch helfen sie auf natürliche Art und Weise neuen Stoff besser im Gedächtnis zu verankern.

Verankerung im Gedächtnis

Schließlich tragen Spiele im Unterricht dazu bei, dass eine Gruppe zusammenfindet. Die Dynamik der Gruppe verbessert sich oft spürbar.

verbesserte
Gruppendynamik

Bei den meisten unserer Spiele geht es darum, die Kommunikation innerhalb des jeweiligen Szenarios einzuüben. Das bedeutet, dass der Erwerb der benötigten Redemittel vorher stattfinden muss.

Redemittelerwerb

Besonders wenn Sie Deutsch als Zweitsprache unterrichten, ist es sinnvoll, zunächst einmal zu sammeln, was die Teilnehmer/innen schon wissen (z. B. in Mindmap- oder Posterform).

Auch die Redemittel lassen sich spielerisch erwerben, z.B. mit den Spielen „Wortkarten-Paare", „Zickzack-Dialog" und „Skelett-Dialog".

Redemittel als Chunks Am besten ist es, wenn die Redemittel als Chunks (fertige Sprachbausteine) gelernt werden, grammatikalische Fragen sollten dabei in den Hintergrund treten. Die Redewendung „Ich hätte gern …" vermittelt man am besten wie eine Vokabel und verzichtet an dieser Stelle darauf, den Konjunktiv II zu erklären.

Auftaktseiten und Symbole

Auftakt-Doppelseiten Als Hilfsmittel für den Redemittelerwerb können Sie auch die rechte Hälfte der Auftakt-Doppelseiten nutzen, die allen Szenarien vorangestellt sind. Sie können sie vergrößern und als A3-Poster im Unterrichtsraum aushängen. Die Poster zeigen die Struktur, nach der ein Szenario abläuft und geben dazu ein paar übliche Redemit-

Beispielcharakter der Redemittel tel. Selbstverständlich sind auch andere Redemittel möglich, Sie können diese mit den Lernenden sammeln und auf dem Aushang ergänzen. Das Sprechen im Unterricht sollte aber immer authentisch bleiben: Muttersprachler verwenden spezifische Redemittel zumeist sparsam. Bestehen Sie also nicht darauf, dass bestimmte Formulierungen verwendet werden. Redemittel ohne Kontext auswendig lernen zu lassen bringt wenig, legen Sie stattdessen Wert auf die richtige Anwendung im Kontext.

Auf der linken Auftaktseite finden Sie jeweils Beispielsituationen für die Anwendung des Szenarios in den verschiedenen Domänen (privater/beruflicher/öffentlicher Bereich) sowie Hinweise auf die sprachlichen Voraussetzungen, die die Teilnehmer/innen haben müssen, um ein Szenario erfolgreich zu bestreiten.

Am wichtigsten ist dabei die Rubrik „Dieses Szenario verlangt folgende sprachliche Handlungen".

Szenarien von A1-C1 einsetzbar Es ist meistens möglich, Szenarien auf allen Niveaustufen durchzuspielen. Die Art und Weise, wie die Teilnehmenden an die Aufgabe herangehen, ist jedoch nach Niveaustufe von A1 bis C1 sehr unterschiedlich. Auf unteren Niveaustufen ist z. B. die Aussage „Kannst du mir bitte helfen." genauso richtig wie das erst auf höherer Stufe mögliche „Könntest du mir bitte mal einen Gefallen tun."

Beispieldialoge Daher ist auch die Rubrik „Typische sprachliche Mittel" nicht als ein Muss aufzufassen, sondern als ein Überblick über mögliche Strukturen. Auch die Dialogbeispiele sind – wenn sie bei den Spielen vorkommen – auf muttersprachlichem Niveau. Im Unterricht müssen die Lernenden jedoch nicht auf diesem Niveau sprechen, sondern angepasst an ihren aktuellen Kenntnisstand.

Da die einzelnen Szenarien oft miteinander in Verbindung stehen (z. B. „Um Informationen bitten" und „Etwas erklären und Auskunft geben"), finden Sie hier auch einen Hinweis auf weitere Spiele, die zu dem Szenario passen.

Symbole Zu jedem Szenario gibt es ein Symbol, das auch auf dem Poster erscheint. Weisen Sie die Lernenden darauf hin und erläutern Sie es wenn nötig. Erfinden Sie eine Bewegung dazu, die Sie mit den Teilnehmer/innen gemeinsam ausführen (z. B. wird das Szenario *Um einen Gefallen bitten* symbolisiert durch einen bettelnden Hund und kann durch die entsprechende Pantomime unterstützt werden). Immer wenn Sie ein bestimmtes Szenario üben oder eine Situation nach den Handlungsmustern eines bestimmten Szenarios verlangt, gibt dann diese Geste oder der Hinweis auf das Poster den Lernenden Orientierung.

Auch die Grafik mit den 13 Szenarien (S. 6) können Sie vergrößern und in den Unterrichtsraum hängen oder ein entsprechendes Poster anfertigen. Es signalisiert den Lernenden: „Wenn ich das kann, komme ich klar!"

Nützliche Strategien vermitteln: Feedbacksignale – Verständnis sichern – fehlenden Wortschatz kompensieren

Neben den szenariospezifischen Redemitteln gibt es weitere Elemente des sprachlichen Handelns, die für eine erfolgreiche Kommunikation notwendig oder zumindest hilfreich sind.

Dazu gehören u.a. Feedbacksignale, die Verständnissicherung oder das Kompensieren von fehlendem Wortschatz.

Nonverbale Feedbacksignale

Muttersprachler/innen tun es automatisch: Beim Zuhören geben sie ständig Feedbacksignale durch Blickkontakt, Mimik oder Körpersprache, kleine Laute oder Interjektionen. Bleiben diese aus, hat der/die Sprechende schnell das Gefühl „mit der Wand zu reden", auf Desinteresse oder Unverständnis zu stoßen.

natürliche Feedbacksignale

Es ist ein Phänomen im Fremdsprachenunterricht, dass bei manchen Lernenden dieses natürliche Gesprächsverhalten plötzlich verschwindet.

Dafür gibt es mehrere mögliche Ursachen. Die Lernenden konzentrieren sich ausschließlich darauf, korrekte Grammatik und Aussprache zu produzieren, sie haben durch die Lernsituation gar nicht das Gefühl, es mit echter Kommunikation zu tun zu haben oder sie beschäftigen sich zu sehr mit dem Planen eigener Redebeiträge (besonders häufig geschieht dies in Prüfungssituationen oder wenn sie Sprache in erster Linie für die Ohren der Kursleitung produzieren).

Ursachen für fehlende Feedbacksignale

Es kann deshalb sinnvoll sein, Feedbackverhalten bewusst zu machen und gezielt einzuüben – zumal es auch in der nonverbalen Kommunikation gravierende kulturelle Unterschiede geben kann.

„Zahlengespräch" (S. 130) ist eine Übung, die gut geeignet ist, sich diesem komplexen Thema zu nähern.

Verständnis sichern

Ebenso wichtig für funktionierende Kommunikation sind Strategien, die der Verständnissicherung im kommunikativen Prozess dienen: Nachfragen, Bestätigen, Unterbrechen, Zusammenfassen usw.

Strategien zur Verständnissicherung

Manche Lernende scheinen den Anspruch an sich zu haben, einen längeren Text durch bloßes Zuhören zu verstehen (so wie einen Hörverstehenstext von einer CD). Unterbrechen und Nachfragen erscheinen ihnen dann als Zeichen mangelnder sprachlicher Fähigkeiten.

Ursachen für fehlende Verständnissicherung

In vielen Fällen fehlt es aber schlicht und ergreifend an den geeigneten Redemitteln, um das Verständnis zu sichern, und der Geistesgegenwart, diese auch einzusetzen. Hier kann gezieltes Training erstaunlich schnell Abhilfe schaffen.

Verständnissicherung am Telefon

Besonders augenfällig wird die Bedeutung dieser Strategien am Telefon: Der Gesprächspartner und damit sämtliche nonverbalen Signale wie auch die Lippenbewegungen sind unsichtbar, was das Hörverstehen sehr viel schwieriger macht. Wenn man angerufen wird, kommt noch dazu, dass man sich der Gesprächssituation ganz plötzlich ausgesetzt sieht und den Grund für den Anruf nicht kennt, was zu Stress führen kann.

Neben dem Spiel „Klar soweit?" (S. 132) sind auch andere Spiele, bei denen Informationen ausgetauscht und Erklärungen gegeben werden, gut geeignet für das Training von Verständnissicherungstrategien (z. B. „Origami-Botschafter" S. 68)

Fehlenden Wortschatz kompensieren

Was tun, wenn man ein Wort nicht weiß? Auch Muttersprachler/innen haben nicht immer das passende Wort parat und behelfen sich beispielsweise mit Ersatzwörtern wie „Dings" oder Umschreibungen. Ein Spiel wie „Meisenknödel kaufen" (S. 127) ermutigt die Lernenden dazu, das Wörterbuch stecken zu lassen und zu improvisieren.

Feedback und Korrekturen

Nachbereitung

Ebenso wichtig wie die ausreichende Vorbereitung einer Szenarioübung und die planvolle Einbindung in den Unterricht ist die Nachbereitung.

Positives Feedback

Erfolgserlebnisse schaffen

Wenn von den Lernenden eine kommunikative Aufgabe bewältigt werden kann, ist das ein Erfolg. Wie können Sie als Lehrende dafür sorgen, dass der Erfolg zum Erfolg**serlebnis** wird – dem direktesten positiven Feedback, das Lernende bekommen können?

Ein gutes Beispiel ist das Spiel „Meisenknödel kaufen" (S. 127). Der Spielverlauf macht das Erfolgserlebnis sozusagen unausweichlich (es ist gelungen, einen Artikel zu kaufen, dessen deutsche Bezeichnung man nicht kennt, und zwar ohne sich einer weiteren Sprache zu bedienen) – positive Verstärkung vonseiten der Lehrkraft ist hier kaum noch nötig. Hier wird deutlich spürbar, dass Sprache ein – funktionierendes – Mittel zum Handeln ist, und nicht eine Ansammlung von Regeln, die gepaukt werden müssen.

„geplante Erfolge"

Szenarien bieten naturgemäß viele Chancen für solche „geplanten Erfolge": Wenn ich das Verhalten anderer beeinflussen kann, weiß ich, dass ich erfolgreich kommuniziert habe. Wenn Informationen korrekt ausgetauscht werden, funktionieren Prozesse, die sonst nicht funktionieren würden. Wenn ich mich mit anderen austausche, diskutiere und einige, dann erlebe ich unmittelbar, wie viel Sprache mit uns als sozialen Wesen zu tun hat.

Dennoch kann es lohnend sein, für die Lernenden zu spiegeln, was gut geklappt hat. Wenn wir davon ausgehen, dass es so genannte Flüchtigkeitsfehler oder Ausrutscher gibt, die quasi wider besseren Wissens passieren, müssen wir uns fragen, ob es sich nicht auch bei „guter" Produktion um Zufallstreffer handeln könnte. Wenn dem so ist, lohnt es sich, solche „Flüchtigkeitskorrektheiten" zu stützen und zu verankern, indem man ihnen bewusst Aufmerksamkeit schenkt. Das Verfahren „Redemittel-Monitor" (S.135) zeigt ein Beispiel, wie dies geschehen kann.

Feedback geben

Korrekturen

„Alle sprechen – und niemand korrigiert?"

Angst vorm Einüben von Fehlern

Eine Sorge, die viele Unterrichtende und Lernende teilen, besteht in der Vorstellung, bei scheinbar unkontrolliertem Sprechen würden Fehler eingeübt.

Sprechen Sie mit der Lerngruppe darüber, dass es ungünstig ist, beim freien Sprechen ständig korrigierend einzugreifen. Weisen Sie darauf hin, dass Sie wichtige Fehler zur späteren Bearbeitung sammeln. Wenn Sie sich an dieses Versprechen halten, wird das Vertrauen der Lernenden in diese Vorgehensweise rasch wachsen. Das Hauptaugenmerk sollte dabei Fehlern gelten, die die Kommunikation deutlich erschweren. Das sind in erster Linie Aussprache- und Intonationsfehler, unpassend verwendete Redemittel und Registerfehler. Grammatikalische Fehler sind hingegen in diesem Zusammenhang meist vernachlässigbar.

Sammlung von wichtigen Fehlern

Auch Korrekturen sind Feedback – mitunter leider das einzige, das gegeben wird. Zu einer nachhaltigen Verbesserung können sie aber nur führen, wenn den Lernenden nicht einfach korrekte Sätze vorgebetet werden, sondern sie vielmehr dazu angeregt werden, selbst über Verbesserungsmöglichkeiten nachzudenken. Die Spiele „Drei gewinnt" (S.136) und „Der Große Preis" (S.137) sowie das Verfahren „Verbessern im Kugellager" sind dazu geeignet (S.138).

sinnvolle Korrekturen

Registertraining

Szenarien werden von Muttersprachler/innen auf ganz unterschiedliche Weise realisiert (s. auch „Soziokultureller und interkultureller Aspekt" S.8). Die Wahl der passenden Redemittel hängt von der Beziehung zwischen den beteiligten Personen und anderen sozialen Umständen ab. Diese führen dann zur Wahl eines bestimmten „Registers", in dem gesprochen und agiert wird: formell oder eher informell/salopp, distanziert oder eher vertraut/freundschaftlich usw.

Für erfolgreiche Kommunikation ist es unerlässlich, in der Wahl und sprachlichen Gestaltung des richtigen Registers geschult zu sein. Mit fortgeschrittenen Lernenden, deren Sprachstand es erlaubt, sollten Sie über dieses Thema sprechen. Auch ein Blick darauf, wie stark sich soziale Register in den verschiedenen Herkunftssprachen unterscheiden – hier sind die Lernenden die Experten – kann zu spannenden Entdeckungen führen.

Wahl des richtigen Registers

Die Spiele „Verbessern im Kugellager" (S.138), „Szenen eines Lebens" (S.139) und „Höflich, unhöflich, salopp" (S.140) dienen dem Registertraining.

55 kommunikative Spiele

Übersicht

Szenarienspezifische Spiele				
Sprachhandlung	**Szenario**	**Nr.**	**Spiel**	**Seite**
Das Verhalten anderer beeinflussen	Um einen Gefallen bitten	1	Wer tut mir den Gefallen?	18
		2	Heute leider nicht	20
	Sich beschweren	3	Rätselhafte Reklamationen	24
		4	Inseln der Ärgernisse	26
	Jemanden überreden	5	Diva	30
		6	Womit kriege ich dich?	32
	Dienstleistungsgespräche	7	Verrücktes Restaurant	36
		8	Stummer Reisender	38
	Um Rat bitten und Rat geben	9	Kopfschmerzen und Tabletten	42
		10	Wo drückt der Schuh?	43
		11	Kochberatung	44
	Jemanden einladen	12	Der wandernde Terminkalender	48
		13	Es tut mir schrecklich leid	51
Soziale Kontakte	Smalltalk und Alltagsgespräche	14	Hallo, wie geht's?	54
		15	Vorsicht, ansteckend!	55
		16	Interessante und langweilige Gesprächspartner	56
		17	Münzenschnappen	59
		18	Ach übrigens	60
	Handlungsbegleitende Gespräche	19	Kordelrätsel	64
Austausch von Informationen	Etwas erklären und Auskunft geben	20	Origami-Botschafter	68
		21	Geschichtenpuzzle	70
		22	Wo geht's lang?	73
		23	So kommen Sie zu uns	74
	Erzählen und berichten	24	Diavortrag	78
		25	Lügenbericht	79
		26	Sag mir, welches Schaf du bist	80
		27	Geschichten aus dem Sachensack	82
		28	Mein Netzwerk	84
	Um Informationen bitten	29	Kennenlern-Wimmeln	88
		30	Telefonauskunft	90

Um einen Gefallen bitten

Beispielsituationen:

Man kommt relativ schnell zum eigentlichen Thema (die Smalltalk-Phasen fallen in anderen kulturellen Kontexten möglicherweise bedeutend länger aus).
Es ist durchaus möglich, die Bitte um einen Gefallen abzulehnen; normalerweise wird dies begründet.

im privaten Bereich	eine Frau bittet ihren Mann, die kleine Tochter vom Kindergarten abzuholen
im Beruf	ein Mitarbeiter fragt seine Kollegin, ob er an diesem Nachmittag Anrufe auf ihre Leitung umlegen darf
im öffentlichen Bereich	ein Mann bittet einen Passanten, ihm Geld zu wechseln

Dieses Szenario verlangt folgende sprachliche Handlungen:

- jemanden ansprechen
- etwas begründen
- etwas vorschlagen
- Vorschläge annehmen oder ablehnen
- um etwas bitten
- Bitten nachkommen oder ablehnen
- sich bedanken

Typische sprachliche Mittel:

- Modalverben *(Kann ich ...; Ich möchte ...; Könntest du ...; Dürfte ich ...)*
- Konjunktiv II *(Es wäre gut ...; Ich würde mich freuen, wenn ...)*
- Fragesätze *(Was ...?; Wann ...?; Ich wollte fragen, ob ...?; Wäre es möglich, dass ...?)*
- Modalpartikeln *(Du weißt doch ...; Wann denn?; Ich wollte dich mal fragen, ...)*

Weitere passende Spiele:

- 4 Inseln der Ärgernisse; 5 Diva; 13 Es tut mir schrecklich leid

Kontaktaufnahme

- Du, Marion …
- Entschuldigen Sie, …
- Ach, Frau Neumann …
- …

Vorbereitung / Einstieg

- Gut, dass ich Sie treffe.
- Ich wollte dich mal was fragen.
- Weshalb ich Sie anrufe: …
- Ich habe da ein kleines Problem …
- …

Bitte

- Meinst du, du könntest …
- Könnten Sie …
- Könnte ich vielleicht …
- …

Um einen Gefallen bitten

Einzelheiten klären

- Wann wäre das denn …
- Wie lange …
- Bis wann brauchst du das?
- …

Verabredung wiederholen / Abschluss

- Also, dann …
- …, okay?
- Gut, dann …
- Das ist wirklich nett von Ihnen.
- …

auf die Bitte antworten

- Kein Problem.
- Natürlich.
- Das mache ich gern.
- …

- Muss ich mal schauen …
- Hat das noch ein bisschen Zeit?
- …

- Tut mir leid, aber …
- Das geht leider nicht, weil …
- …

Dank / Bedauern

- Wunderbar.
- Ach prima, dass das klappt.
- Das ist toll.
- Vielen Dank.
- …
- Schade.
- Macht nichts, dann …
- …

1 Wer tut mir den Gefallen?

Niveau

ab A1+

Material und Vorbereitung

- pro Gruppe: ein Satz Spielkärtchen, eine Würfelübersicht, ein Würfel

Dauer

10–20 Minuten

Verlauf

1. Teilen Sie Kleingruppen von 4 – 5 TN ein. Jede Gruppe bekommt einen Satz Spielkärtchen, eine Würfelübersicht und einen Würfel.
   Die Spielkärtchen werden verdeckt in die Mitte gelegt.
2. TN 1 zieht ein Kärtchen und sucht sich aus, wen er zuerst um den beschriebenen Gefallen bitten möchte.
3. Die ausgewählte Person würfelt – der Würfel entscheidet über die Beziehung zwischen den Gesprächspartnern.
4. Dann folgt der Rollendialog. Der/die Angesprochene kann zustimmen (in diesem Fall ist die Sache erledigt und TN 2 zieht ein Kärtchen) oder ablehnen bzw. sich herausreden – dann kann TN 1 es bei jemand anderem probieren. Auch diese Person würfelt zunächst aus, wer sie ist.

Anmerkungen

- In jeder Gruppe können diejenigen, die gerade nicht dran sind, die verwendeten Redemittel notieren. Diese können im Anschluss besprochen und korrigiert werden.
- Diese Dokumentation kann auch von der Kursleitung übernommen werden. (s. „Redemittel-Monitor", S. 135)
- Lassen Sie die Gruppe kurz reflektieren, auf welche Weise z. B. eine Nachbarin im Unterschied zu einer Freundin um einen Gefallen gebeten wurde und was angemessen oder weniger angemessen erschien (Registertraining).

Weitere Szenarien

– Jemanden überreden; Konsensfindung

Würfelübersicht

⚀	Kollege/Kollegin	⚃	Sohn/Tochter
⚁	Freund/Freundin	⚄	Nachbar/Nachbarin
⚂	Sekretär/Sekretärin	⚅	Bruder/Schwester

Spielkärtchen

Du möchtest, dass dich jemand zum Flughafen fährt.	Du möchtest, dass jemand einen Zahnarzttermin für dich absagt.
Du möchtest, dass dich jemand um vier Uhr morgens per Telefon weckt.	Du möchtest, dass jemand deine Sachen aus der Reinigung holt.
Du möchtest, dass jemand für dich zwei Theaterkarten an der Theaterkasse abholt.	Du möchtest, dass jemand die Batterien von deiner Uhr wechseln lässt.
Du möchtest, dass jemand in der Bibliothek ein Buch für dich abgibt.	Du möchtest, dass dir jemand beim Einkaufen hilft.
Du möchtest, dass dir jemand die Haare schneidet.	Du suchst einen Tanzpartner / eine Tanzpartnerin für einen Tangokurs.
Du möchtest, dass dir jemand sein Auto leiht.	Du möchtest, dass dir jemand bei der Gartenarbeit hilft.
Du möchtest, dass jemand auf deinen Papagei aufpasst, während du im Urlaub bist.	Du möchtest, dass dir jemand bei der Steuererklärung hilft.
Du möchtest, dass dir jemand die Winterreifen aufs Auto macht.	Du suchst jemanden, der an deinem Geburtstag Musik macht.

2 Heute leider nicht

Niveau

ab A2

Material und Vorbereitung

- Situationskarten kopieren und ausschneiden

Dauer

ca. 15 Minuten

Verlauf

1. TN sitzen in Kleingruppen (4–5 Personen) zusammen.
2. In den Kleingruppen sammeln die TN Situationen, in denen man andere Leute um einen Gefallen bittet, z. B. beim Umzug helfen, jemanden mit dem Auto mitnehmen usw. Diese Bitten schreiben sie dann auf jeweils einen Zettel.
3. KL sammelt die beschrifteten Zettel ein.
4. TN sammeln jetzt mögliche Gründe, warum man eine Bitte um einen Gefallen ablehnt. Dazu muss der/die KL eventuell thematisieren, dass man im deutschsprachigen Raum eine Bitte abschlagen kann, wenn man einen triftigen Grund dazu hat. Normalerweise wird das mit dem Versprechen, dass man beim nächsten Mal gern hilft, verbunden.
5. Eine Hälfte der TN (TN 1) zieht nun jeweils eine der vorbereiteten Situationskarten.
6. Die TN „wimmeln" (laufen durch den Raum). Die TN 1 mit den Situationskarten bitten jeweils eine/n TN ohne Karte (TN 2) um den beschriebenen Gefallen. Aufgabe von TN 2 ist es, höflich abzusagen, dabei einen Grund zu nennen und spätere Hilfe zu versprechen.
7. Nach jedem Dialog geben die TN 1 die Karten an TN 2 weiter und wechseln die Partner.

Anmerkung

- Dieses Spiel eignet sich zum interkulturellen Austausch darüber, wie man auf eine Bitte um einen Gefallen reagiert.

Situationskarten

Situation, in der man jemanden
um einen Gefallen bittet:

Situation, in der man jemanden
um einen Gefallen bittet:

Situation, in der man jemanden
um einen Gefallen bittet:

Situation, in der man jemanden
um einen Gefallen bittet:

Situation, in der man jemanden
um einen Gefallen bittet:

Situation, in der man jemanden
um einen Gefallen bittet:

Situation, in der man jemanden
um einen Gefallen bittet:

Situation, in der man jemanden
um einen Gefallen bittet:

Sich beschweren

Beispielsituationen:

| im privaten Bereich | ein Mann beschwert sich bei den Nachbarn über zu viel Lärm |

| im Beruf | ein Mitarbeiter beschwert sich beim Lieferanten über eine bestellte Lieferung, die nicht pünktlich angekommen ist |

| im öffentlichen Bereich | eine Frau beschwert sich, weil am Nachbartisch im Restaurant jemand Zigarren raucht |

Dieses Szenario verlangt folgende sprachliche Handlungen:

- jemanden ansprechen
- sich vorstellen
- etwas beschreiben
- etwas begründen
- unterbrechen, nachfragen
- Bedauern ausdrücken
- Verständnis signalisieren
- Zufriedenheit / Unzufriedenheit ausdrücken
- zustimmen / widersprechen
- etwas vorschlagen
- zum Handeln auffordern
- sich bedanken
- auf Dank reagieren

Typische sprachliche Mittel:

- Präpositionen
- Passiv
- Modalverben
- Präsens und Perfekt
- Präteritum (bei Berichten)
- Nebensätze (*dass / weil / obwohl*)
- Infinitive mit zu
- Konjunktiv II (Höflichkeit)

Weitere passende Spiele:

- 8 Stummer Reisender

Einstig

- Entschuldigen Sie ...
- Guten Tag.
- Vielen Dank für ...
- ...

Beschwerde

- Ich habe bei Ihnen ... gekauft / bestellt, aber ... funktioniert nicht / ist kaputt.
- Ich habe Sie angerufen, aber ...
- Sie haben mir versprochen ..., aber ...
- Leider hat sich herausgestellt, dass ...
- ...

Sich beschweren

Erklärungen / Begründungen

- Sie haben am 5.5.2012 meinen Fernseher repariert, aber / doch / jedoch ...
- Ich habe Herrn Müller gebeten, dass ..., jedoch ...
- Obwohl ich alles so wie in der Beschreibung gemacht habe, ...
- ...

Abschluss

- Vielen Dank.
- Danke für Ihr Entgegenkommen / Verständnis.
- Das ist wirklich nett von Ihnen.
- Auf Wiedersehen.
- ...

Antwort

- Das tut mir leid. Bitte entschuldigen Sie.
- Das kann ich so nicht akzeptieren, weil ...
- Ich schlage vor, dass ...
- ...

Reaktion

- Einverstanden.
- Entschuldigung, aber damit bin ich nicht zufrieden / einverstanden.
- Ich muss das (noch) klären.
- ...

3 Rätselhafte Reklamationen

Niveau

ab B1

Material und Vorbereitung

–

Dauer

10–15 Minuten

Verlauf

Es werden Reklamationen im Rollenspiel geübt. Das Besondere ist, dass nur der/die Ansprechpartner/in weiß, um welchen Artikel es sich handelt.

1. Bitten Sie eine/n TN, sich als Ansprechpartner/in in einer Reklamationssituation zur Verfügung zu stellen.
2. Während Sie draußen warten, einigt sich die Lerngruppe auf den Artikel, den Sie reklamieren sollen.
3. Im anschließenden Rollenspiel versuchen Sie herauszufinden, um was es sich handelt. Ihr/e Gesprächs-partner/in reagiert, ohne den Gegenstand zu benennen (s. Beispieldialog).
4. Bei der nächsten Runde werden beide Rollen von TN übernommen.

Anmerkungen und Varianten

- Der Dialog ist für das Publikum oft sehr amüsant und auch eine gute Hörverstehensübung. In kleineren Lern-gruppen kann man also ruhig 2–3 Runden spielen, ohne die Gruppe zu teilen. In größeren Kursen kann man aber nach der Beispielrunde auch in Kleingruppen weiterarbeiten.

Weitere Szenarien

- Dienstleistungsgespräche; Um Informationen bitten; Etwas erklären und Auskunft geben; Konsensfindung

Beispieldialog

→ verabredeter Gegenstand: elektrische Zahnbürste

TN: Was kann ich für Sie tun?

KL: Guten Tag, ich habe das hier vor zwei Wochen gekauft, aber leider muss ich es jetzt zurückbringen.

TN: Mhm. Was ist denn das Problem?

KL: Also, zuerst war ich ganz zufrieden …

TN: Und jetzt funktioniert sie nicht mehr?

→ KL wird klar, dass es sich wahrscheinlich um ein technisches Gerät handelt, tippt aber vorschnell auf ein Küchenutensil.

KL: Genau. Das war ärgerlich, weil ich am Wochenende viele Gäste hatte …

→ Publikum lacht, KL merkt, dass die Annahme wahrscheinlich falsch ist.

TN: Gäste? Entschuldigen Sie die Frage, aber haben die keine eigene? – Na ja, egal. Also aufgeladen ist sie?

KL: Aufgeladen? Äh, ja ja, natürlich …

TN: Wahrscheinlich der Akku. Den tauschen wir Ihnen aus. Das geht ganz schnell, wenn Sie warten möchten …?

KL: Ach, toll. Vielen Dank.

TN: Aber geputzt hat sie ordentlich?

KL: Ja, wie gesagt, ich war zufrieden. Es war alles sauber …

TN: Alles!? Was haben Sie denn sonst noch damit geputzt?

      …

4 Inseln der Ärgernisse

Niveau

ab A2

Material und Vorbereitung

- Bildkarten (die Bilder kopieren und auf Bierdeckel oder starken Karton kleben oder direkt auf Karton kopieren – die meisten Kopierer können 160g-Karton verarbeiten)
- Musik

Dauer

10–15 Minuten

Verlauf

1. Fragen Sie die TN, worüber sie sich im Alltag ärgern. Dies darf ganz ungeordnet geschehen, indem alle in den Raum rufen, ohne sich zu melden.
2. Bitten Sie dann die TN, zu überlegen, welche von diesen Ärgernissen sich vielleicht durch eine Beschwerde beseitigen lassen würden, und lassen Sie sie einige Beispiele nennen.
3. Legen Sie die Bildkarten mit der Bildseite nach unten im Raum aus.
4. Stellen Sie die Musik an, die TN bewegen sich zur Musik durch den Raum. Wenn die Musik stoppt, treffen sie sich zu zweit an der Bildkarte, die ihnen gerade am nächsten liegt, und drehen diese um, sodass das Bild sichtbar wird.
5. Die beiden TN improvisieren einen kurzen Dialog, der zu dem Bild passt. (Beispiel: Auf dem Bild ist ein lautstark spielendes Radio zu sehen; TN A klingelt bei der Nachbarin B und beschwert sich über den Lärm.)
6. Wenn die Musik weiterläuft, werden die Bildkarten wieder umgedreht und die TN gehen weiter.

Anmerkungen

- Dokumentieren Sie die korrekt verwendeten Redemittel (s. „Redemittel-Monitor", S. 135).
- Wählen Sie am besten Musik, die zu leicht aufgeheizten Emotionen passt. Gut geeignet sind schnelle Barocksätze (z. B. „L'Inverno"/„Der Winter" von Vivaldi), Rock oder Trommelmusik.

Weitere Szenarien

- Um einen Gefallen bitten; Konsensfindung

Bildkarten

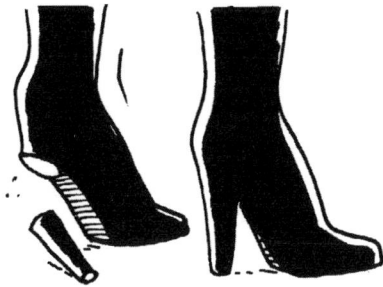

Jemanden überreden

Beispielsituationen:

| im privaten Bereich | ein Vater versucht, seinen Sohn zu einem kürzeren Haarschnitt zu überreden |

| im Beruf | ein Arzt versucht, eine Patientin von der Notwendigkeit einer Impfung zu überzeugen |

| im öffentlichen Bereich | eine Initiative sammelt Unterschriften für ein Bürgerbegehren |

Dieses Szenario verlangt folgende sprachliche Handlungen:

- jemanden ansprechen
- Vorschläge machen
- um etwas bitten
- Vorschläge oder Bitten annehmen oder ablehnen
- unterbrechen
- Zögern und Skepsis signalisieren
- argumentieren

Typische sprachliche Mittel:

- Konjunktiv
- Modalverben
- Imperativ
- Modalpartikeln
- Futur I
- Suggestivfragen (*Findest du nicht auch, dass es besser wäre, wenn ...?*)

Weitere passende Spiele:

– 1 Wer tut mir den Gefallen?; 33 Die Talkshow

28

Einstieg

- Entschuldigung – interessieren Sie sich für ...?
- Hallo, Frau Weber.
- Du, Hilde ...
- Ich wollte dir was erzählen.
- Ich möchte Sie gern etwas fragen.
- ...

Jemanden überreden

Anliegen/Vorschlag

- Ich habe gedacht, Sie könnten vielleicht ...
- Hast du nicht Lust, ...
- Ich finde, du solltest unbedingt ...
- Möchtest du nicht...?
- Meinen Sie nicht auch, ...?
- ...

Ablehnende/einschränkende Reaktion

- Ach, ich weiß nicht ...
  Hm, das muss ich mir erst überlegen ...
- Tut mir Leid, aber ...
- Davon halte ich nicht so viel.
- ...

zustimmende Reaktion

- Na gut, einverstanden.
- Also gut.
- Okay, das kann ich machen.
- ...

Abschluss

- Prima.
- Ich freue mich, vielen Dank.
- Schade.
- Das finde ich bedauerlich.
- Da kann man nichts machen.
- ...

5 Diva

Niveau

ab A2

Material und Vorbereitung

–

Dauer

ca. 10 Minuten

Verlauf

1. Ein/e TN ist die Diva (dabei kann es sich natürlich auch um einen Mann handeln). Die Diva ist als überaus schwierig und launenhaft bekannt. Sie thront auf ihrem Stuhl, während der Kreis ihrer Freunde, Fans und Angestellten – die übrigen TN – in respektvollem Abstand um sie herum stehen.
2. Sagen Sie den TN, warum sich zurzeit alle Sorgen um die Diva machen (mögliche Gründe auf der nächsten Seite). Sie soll dazu überredet werden, ihr Verhalten zu ändern.
3. Ein/e TN tritt vorsichtig einen Schritt auf die Diva zu und macht einen Vorschlag. (s. Beispiel auf der nächsten Seite). Falls diese sich geneigt zeigt, weiter zuzuhören, geht er/sie weitere Schritte vor und redet dabei der Diva weiter gut zu. Aber Vorsicht: Wenn die Diva eine ablehnende Haltung einnimmt, sollte man sich schnell zurückziehen, denn ihre Wutausbrüche sind gefürchtet. Dann versucht es jemand anders.
4. Wer es schafft, die Diva zu überreden, übernimmt ihre Rolle und setzt sich auf den Diva-Thron. Für die neue Runde sagen Sie ein neues Problem an.

Anmerkungen und Varianten

- Sobald die TN das Spiel kennen, können sie es selbst übernehmen, ein Problem zu erfinden.
- Während das Spiel läuft, können Sie die korrekt verwendeten Redemittel dokumentieren (s. „Redemittel-Monitor", S. 135).

Weitere Szenarien

– Smalltalk und Alltagsgespräche; Um einen Gefallen bitten; Rat geben

Mögliche Gründe, sich Sorgen zu machen

Die Diva
- hat seit drei Tagen nichts gegessen.
- braucht dringend Urlaub.
- will nicht mehr auftreten.
- hat Vitaminmangel, weil sie sich nur noch von Pudding ernährt.
- liegt jeden Tag stundenlang auf der Sonnenbank und riskiert damit Hautkrebs.
- geht nicht mehr ins Freie, seit ihr Lieblingshündchen gestorben ist.
- hat sich mit ihren Kindern verkracht, die deshalb untröstlich sind.
- hat ein neues, sehr schnelles Auto und setzt durch riskantes Fahren ihr Leben aufs Spiel.
- will neuerdings keine Bodyguards mehr um sich haben, weil diese sie angeblich nervös machen.

Beispiel

TN 1: Schätzchen, wir machen uns alle solche Sorgen …

Diva: Hm? Wieso?

TN 1: Du musst unbedingt etwas essen!

Diva (*runzelt die Stirn*): Wer sagt das?

→ TN 1 zieht sich zurück

TN 2: Du hast doch immer so gern diese kleinen Fischdinger gegessen, weißt du noch?

Diva: Hm, ja, Sushi, stimmt …

TN 2 (*rückt weiter vor*): Es gibt da eine neue Bar. Die sollen großartiges Sushi machen.

Diva: Blödsinn, ich kenne alle Sushi-Bars in dieser Stadt. Alle Mist!

→ TN 2 zieht sich zurück

TN 3: Schau mal, mein Herz, diese Pralinen schickt dir Antoine. Probier doch mal eine …

Diva: Ich muss sagen, die sehen wirklich gut aus. Aber die machen bestimmt dick …

TN 3 (*rückt weiter vor*): Ach wo, du kennst doch Antoine. Die sind extra kalorienarm.

Diva: Also ich weiß nicht … Lecker sehen sie ja aus.

TN 3 (*rückt weiter vor*): Ja, die sind bestimmt köstlich. Und du mit deiner Traumfigur …

usw.

6 Womit kriege ich dich?

Niveau

ab A2

Material und Vorbereitung

- Rollenkarten kopieren und ausschneiden

Dauer

10–20 Minuten

Verlauf

1. Ca. ¾ der TN bekommen je eine Rollenkarte (es ist kein Problem, wenn Karten doppelt vorkommen). Was auf den Karten steht, muss geheim bleiben. Am besten merken sich die TN, was auf ihrer Karte steht, und stecken sie dann weg.
2. Die TN ohne Rollenkarte denken sich ein Land aus, in dem sie gern Urlaub machen möchten. Sie sollen versuchen, Mitreisende zu finden, indem sie Einzelne ansprechen und zu überreden versuchen. Die Angesprochenen sollen sich aber sträuben, bis sie „auf dem richtigen Fuß erwischt" werden (s. Beispiel auf der nächsten Seite).
3. Wenn es jemandem gelingt, eine/n Mitreisende/n zu finden, ziehen die beiden zusammen weiter und versuchen, weitere TN zum Mitreisen zu überreden. Wer schafft es, die größte Reisegruppe zu bilden?

Anmerkung

- Spielen Sie mit oder mischen sie sich unter die TN und dokumentieren Sie die korrekt verwendeten Redemittel (s. „Redemittel-Monitor", S.135).

Weitere Szenarien

- Um Informationen bitten; Etwas erklären und Auskunft geben; Konsensfindung

Beispiel

Marisa: Du, Cheryl, ich fahre im Sommer nach Italien. Hast du nicht Lust, mitzukommen?

Cheryl: Italien, ich weiß nicht …

Marisa: Komm doch mit! Das wird toll! Ich freue mich schon auf die italienische Küche!

Cheryl: Au weia, du weißt ja, ich muss ein bisschen auf meine Figur achten …

Marisa: Ach, Quatsch … Dann machst du halt ein bisschen mehr Sport. Ich war schon mal in dem Ort, die bieten da ganz fantastische Surfkurse an!

Cheryl: Hm, klingt nicht schlecht.

Marisa (*merkt, dass Cheryl Interesse zeigt*): Beim letzten Mal sind wir auch oft am Strand geritten …

Cheryl: Wow! Ja, also – danke für die Einladung! Ich komme mit.

Marisa: Komm, wir fragen Bülent, ob der auch Lust hast.

Marisa: Bülent, fährst du im Sommer mit Cheryl und mir nach Italien? Och bitte!

Bülent: Ich wollte eigentlich mal nach Bayern, das kenne ich noch nicht …

Cheryl: Aber in Bayern kannst du garantiert keinen Surfkurs machen!

Bülent: Das interessiert mich ehrlich gesagt sowieso nicht. Nichts für ungut.

→ Marisa und Cheryl unternehmen weitere Überredungsversuche, aber ohne Erfolg. Bülent beschließt später, mit einem anderen TN nach Schottland zu fahren, der ihm „himmlische Ruhe" verspricht.

Rollenkarten

✂

Das ist im Urlaub für dich das Wichtigste: **gutes Essen**	Das ist im Urlaub für dich das Wichtigste: **schöne Landschaften und Sehenswürdigkeiten**
Das ist im Urlaub für dich das Wichtigste: **billige Preise**	Das ist im Urlaub für dich das Wichtigste: **gute Sportmöglichkeiten**
Das ist im Urlaub für dich das Wichtigste: **tolle Einkaufsgelegenheiten**	Das ist im Urlaub für dich das Wichtigste: **Abenteuer und Romantik**
Das ist im Urlaub für dich das Wichtigste: **schönes Wetter**	Das ist im Urlaub für dich das Wichtigste: **Ruhe**

Dienstleistungsgespräche

Beispielsituationen:

im Beruf	ein Kellner bedient einen Gast
im öffentlichen Bereich	eine Frau kauft eine Fahrkarte am Bahnhof

Dieses Szenario verlangt folgende sprachliche Handlungen:

- jemanden ansprechen
- etwas beschreiben
- etwas empfehlen oder von etwas abraten
- unterbrechen, nachfragen
- Verständnis signalisieren
- sich bedanken
- auf Dank reagieren

Typische sprachliche Mittel:

- Präpositionen
- Präsens und Perfekt
- Modalverben
- Konjunktiv II (Höflichkeit)
- Fragen
- indirekte Fragesätze (*Ich möchte/wollte fragen, ob … / was … / wie viel …*)
- Nebensätze mit *dass, weil, obwohl*
- Konstruktionen mit *um … zu*
- Maßangaben, z.B. Größen, Gewichte
- Farben
- Adjektive (z.B. Aussehen von Gegenständen)

Weitere passende Spiele:

- 3 Rätselhafte Reklamationen; 31 Flohmarkt; 49 Meisenknödel kaufen

Kontaktaufnahme/Begrüßung

Verkäufer/in

- Guten Tag. Sie wünschen?
- Was kann ich für Sie tun?
- Kann ich ihnen helfen?
- ...

Kunde/in

- Ich hätte gern ...
- Ich möchte ...
- Ich suche ...
- Haben Sie ...?
- ...

Dienstleistungsgespräche

Beraten/Empfehlen

Verkäufer /-in

- Hier haben wir ...
- Ich kann Ihnen ... empfehlen.
- ...

Kunde /-in

- Das ist genau, was ich suche.
- Das ist genau das Richtige.
- Leider habe ich mir etwas anderes vor-gestellt.
- ...

Abschluss

- Vielen Dank.
- Auf Wiedersehen.
- ...

© Ernst Klett Sprachen GmbH, Stuttgart 2016 | www.klett-sprachen.de | Alle Rechte vorbehalten
Kopieren für den eigenen Unterrichtsgebrauch gestattet.
ISBN 978-3-12-675184-1

7 Verrücktes Restaurant

Niveau

ab A2
Wortschatz „Essen und Trinken" sowie „Restaurant" sollte bereits eingeführt sein

Material und Vorbereitung

- Speisekarten kopieren, vor dem Kopieren Preise ergänzen

Dauer

ca. 20 Minuten

Verlauf

1. Teilen Sie Kleingruppen von jeweils 4–5 Personen ein, eine Person pro Gruppe ist „Kellner", die anderen sind „Restaurantgäste".
   Wenn möglich, stellen Sie die Tische so zusammen wie in einem Restaurant.
2. Jeder Kellner bekommt eine Speisekarte. Sagen Sie der Gruppe, dass sie Gäste in einem Restaurant mit Spezialitäten aus einem unbekannten Land sind. Die Namen der Gerichte auf der Speisekarte sind völlig unbekannt. Die Kellner können aber auf Nachfrage erklären, woraus die einzelnen Gerichte bestehen.
3. Die Kellner können ihrer Phantasie freien Lauf lassen und den Gästen die Gerichte erklären, wie sie wollen. Es gibt kein richtig oder falsch bei der Beschreibung der Zutaten.
4. KL oder 1–2 TN arbeiten in der Küche und helfen aus, wenn ein Kellner nicht weiß, woraus ein Gericht besteht.
5. Gespielt wird ein kompletter Restaurantbesuch von der Bestellung über das Servieren und die Nachfrage, wie es schmeckt, bis zum Bezahlen.

Anmerkungen

- Binnendifferenzierung: Dadurch, dass es bei der Beschreibung der Speisen inhaltlich kein richtig oder falsch gibt, wird Stress aus dem Spiel herausgenommen. Auch schwächere TN können „Kellner" sein.
- Dokumentieren Sie die korrekt verwendeten Redemittel (s. „Redemittel-Monitor", S. 135).

Weitere Szenarien

– Um Informationen bitten; Etwas erklären und Auskunft geben

Restaurant Krmplmty

SPEISEKARTE

Muteroy „Jean Lang" aus dem Flixflax

*

Promyslblym Molotow an Schaum von
der Lumsukrine

*

Kapatapa Pakapata Papakata

*

Wumsepeter an Ösch
auf aromatisiertem Krytschkrk

*

Kruschputania mit einer Komposition von
Kromma und Plmbrifranz

*

Badelaine a la Nicolle an Palaux de Menton
in Lafitte de Cancan Royale

8 Stummer Reisender

Niveau

A2 – B2

Material und Vorbereitung

- Aktionskarten kopieren und ausschneiden

Dauer

ca. 20 Minuten

Verlauf

1. Lassen Sie Paare bilden und erklären Sie die Situation: Person A arbeitet am Informationsschalter an einem Bahnhof (in Deutschland „Service-Point" genannt). Person B zieht eine Aktionskarte.
2. Person B ist ein/e Reisende/r, der stark erkältet ist und die Stimme verloren hat und daher sein Anliegen pantomimisch vorträgt. Er/sie versteht aber die Antworten von Person A.
3. Person A und B führen ein normales Dienstleistungsgespräch, außer dass Person B nicht spricht.
4. Person A muss erraten, was Person B meint.
5. Person B spielt sein Anliegen so lange pantomimisch vor, bis Person A verstanden hat, worum es geht und die entsprechende Antwort gegeben hat.
6. Person A darf sich „Kollegen" aus der Unterrichtsgruppe zu Hilfe holen, die schon mit dem Spiel fertig sind.
7. Nach einem Beispiel, das KL mit einem TN vorspielt, startet das Spiel.
8. Danach wechseln die Partner und spielen mit neuen Aktionskarten das Spiel erneut.

Anmerkungen

- Widerstehen Sie der Versuchung, helfend oder korrigierend einzugreifen.
- Je nach Kenntnisstand der Lernergruppe sollten Sie Folgendes erklären:
    - Es gibt in Deutschland einige Fahrkartenautomaten, die nur Bargeld akzeptieren.
    - Die meisten Züge haben zwar Klimaanlagen, oft funktionieren diese aber nicht gut.
    - Hunde reisen kostenlos mit.
    - ICE = InterCityExpress; sehr schneller moderner Zug
    - Der Transport großer Gegenstände im ICE ist problematisch, weil es nicht viele Abstellmöglichkeiten gibt.

Weitere Szenarien

- Um Informationen bitten; Etwas erklären und Auskunft geben; Sich beschweren; Rat geben

Aktionskarten

Du möchtest wissen, wie man
vom Bahnhof zum Theater kommt.

Du möchtest wissen, was du
tun sollst, weil du wegen Zug-
verspätung heute nicht mehr
weiterreisen kannst.

Du möchtest wissen, von welchem Gleis
der Zug nach Frankfurt abfährt.

Du fragst, ob jemand für dich ein
Taxi rufen kann. Am Taxistand auf
dem Bahnhofsplatz ist kein Taxi.

Du möchtest wissen, wo es ein gutes,
aber preiswertes Hotel gibt.

Du möchtest wissen, wo du
deine japanischen Yen in Euro
umtauschen kannst.

Du möchtest wissen, welcher Bus
zum Rathaus fährt.

Du beschwerst dich, weil
deiner Meinung nach der Zug
sehr schmutzig war.

Du möchtest wissen, wo das nächste
vegetarische Restaurant ist.

Du möchtest wissen, ob du
für deinen Hund eine Platzkarte
lösen musst.

Du möchtest wissen, ob es Fahrkartenauto-
maten gibt, die Kreditkarten akzeptieren.

Du möchtest wissen, wo das nächste
Geschäft für Tiernahrung ist.

Du möchtest wissen, wie lange die Zugfahrt
bis zum Flughafen dauert.

Du möchtest wissen, wie du
am besten deinen auf der Reise
gekauften Schrank im ICE nach
Hause transportieren kannst.

Du beschwerst dich, weil dein Zug keine
Klimaanlage hatte.

Um Rat bitten und Rat geben

Beispielsituationen:

im privaten Bereich	eine Frau berät sich mit einer Freundin, ob sie ihrer 16jährigen Tochter erlauben soll, allein in den Urlaub zu fahren
im Beruf	ein Mitarbeiter berät sich mit einer Kollegin, wie er mit einem bestimmten Kunden umgehen sollte
im öffentlichen Bereich	ein Mann hat in einer fremden Stadt noch keine Unterkunft und lässt sich in der Touristeninformation beraten

Dieses Szenario verlangt folgende sprachliche Handlungen:

- jemanden ansprechen
- etwas begründen
- etwas vorschlagen
- Vorschläge annehmen oder ablehnen
- Zustimmung oder Skepsis ausdrücken
- sich bedanken
- auf Dank reagieren

Typische sprachliche Mittel:

- Modalverben
- Modalpartikeln
- Imperativ + Modalpartikeln (*Frag doch mal ...*)
- Konjunktiv
- temporale und kausale Konnektoren

Weitere passende Spiele:

- 5 Diva; 8 Stummer Reisender

Kontaktaufnahme

- Du, Marion …
- Guten Tag.
- Hallo Frau Neumann …
- …

Vorbereitung

- Hätten Sie einen Moment Zeit?
- Ich wollte dich mal was fragen.
- Ich habe ein Problem.
- …

Problem schildern und um Rat bitten

- Es geht um Folgendes: …
- Die Sache ist die: …
- Ich weiß nicht, was ich machen soll.
- Hast du vielleicht eine Idee, …
- Vielleicht fällt Ihnen (dazu) etwas ein?
- …

Um Rat bitten und Rat geben

Beratung

- An Ihrer Stelle würde ich …
- Haben Sie es schon mit … versucht?
- Mach/frag/geh doch einfach …
- Du könntest …
- Vielleicht …
- …

Abschluss

- Danke fürs Zuhören.
- Du hast mir echt geholfen.
- Vielen Dank für Ihre Hilfe.
- …

Reaktion auf Vorschläge

- Na ja, …
- Ich weiß nicht, ob …
- Das habe ich schon probiert.
- Das ist eine gute Idee!
- Einen Versuch wär's wert.
- …

9 Kopfschmerzen und Tabletten

Niveau

ab A2

Material und Vorbereitung

- evtl. lebhafte Musik zur Begleitung

Dauer

10–15 Minuten

Verlauf

1. Jeder TN soll sich ein Problem überlegen, für das er/sie einen Ratschlag möchte. Es kann ein echtes oder ein erfundenes Problem sein, z. B.:
   „Ich hätte so gern einen Hund, aber ich bin allergisch gegen Hundehaare."
   Bitten Sie die TN aufzustehen, sobald sie eine Idee haben.
2. Wenn alle stehen, bitten Sie die TN, einen Innen- und einen Außenkreis zu bilden (Kugellagerformation).
3. Der Innenkreis bewegt sich in flottem Tempo im Uhrzeigersinn, der Außenkreis gegen die Uhr. Wenn Sie möchten, können Sie dazu Musik laufen lassen. Wenn Sie ein Signal geben oder die Musik stoppen, bleiben alle stehen und wenden sich ihrem Gegenüber im anderen Kreis zu.
4. Die TN im Außenkreis schildern ihrem Gegenüber das Problem; das Gegenüber gibt einen Ratschlag, z. B. „Kauf dir doch ein Stofftier!" oder „Hast du schon mal mit dem Arzt gesprochen?" oder „Hast du Freunde, die einen Hund haben? Vielleicht kannst du ab und zu mit dem spazieren gehen?"
5. Nach dem nächsten Stopp ist der Innenkreis dran, das Problem zu schildern, danach wieder der Außenkreis. So weiter, bis jeder TN drei bis vier Ratschläge bekommen hat.
6. Wer möchte, kann im Anschluss berichten: Was war mein Problem, was wurde mir geraten, was finde ich eine besonders gute Idee?

10 Wo drückt der Schuh?

Niveau

ab A2

Material und Vorbereitung

• Fotos von Personen (optional, s. Anmerkungen)

Dauer

25–40 Minuten

Verlauf

1. Entwerfen Sie mit den TN eine fiktive Person, nach dem Prinzip „Was gesagt wurde, gilt!" (s. Beispiel).
2. Bilden Sie 3–5 Kleingruppen. Jede Gruppe entwirft eine fiktive Person nach dem gezeigten Modell.
3. Sagen Sie dann jeder Gruppe, dass ihre Person ein Problem hat, für das sie Beratung braucht. Die Gruppe soll das Problem erfinden.
4. Erklären Sie den TN, dass die Personen, die sie entworfen haben, in eine Fernsehsendung namens „Wo drückt der Schuh?" eingeladen sind. Es ist eine Sendung für Ratsuchende, die sich gegenseitig beraten.
5. Jede Gruppe schickt ein Mitglied, das die Fantasieperson verkörpert, „ins Studio". KL sollte moderieren, um die Gäste begrüßen und zum Sprechen ermuntern zu können. Die Gäste stellen sich vor und schildern ihr Problem und kommen schließlich miteinander ins Gespräch.

Anmerkungen und Varianten

• Die Idee, eine Person nach dem genannten Prinzip „entstehen zu lassen", stammt aus der Sprachpsychodramaturgie (Psychodramaturgie Linguistique, kurz PDL) nach Bernard und Marie Dufeu.
• Die Mitglieder der jeweiligen Kleingruppe, die nicht die Fantasieperson verkörpern, können hinter ihm/ihr Platz nehmen und bei Bedarf soufflieren oder auf Verlangen seinen/ihren Platz einnehmen.
• Die Personen können auch anhand von Zeitschriftenfotos entworfen werden.
• Wenn von den anderen Gästen zu wenig Beratung kommt, können Sie als Moderator/in die anderen TN einbeziehen: „Was meint denn das Studiopublikum dazu?"
• Das Prinzip, fiktive Personen interagieren zu lassen, können Sie auch auf andere Szenarien anwenden.

Weitere Szenarien

– Smalltalk und Alltagsgespräche; Um Informationen bitten; Erzählen und berichten

Beispiel

KL: In unserer Mitte sitzt eine Person. Wer ist das?
TN 1: Es ist eine Frau.   TN 2: Sie ist rothaarig.
TN 3: Sie ist 34 Jahre alt.   TN 4: Sie heißt Ida.
TN 5: Oh nein! Ida! Das ist kein schöner Name. Sie heißt Valerie.
KL: Was gesagt ist, gilt! Also – sie heißt Ida.
TN 6: Sie ist Gemüsehändlerin.   usw.

11 Kochberatung

Niveau

ab A2

Material und Vorbereitung

- Rollenkarten kopieren

Dauer

ca. 20 Minuten

Verlauf

1. Die Gruppe in Paare aufteilen. Da die TN Telefongespräche simulieren, sollten sie Rücken an Rücken oder durch eine Stellwand getrennt sitzen. In jedem Paar bekommt eine Person eine Rollenkarte (Person A), welche die andere Person (Person B) nicht sehen darf.
2. Erklären Sie die Situation: Person A (mit der Rollenkarte) bekommt überraschend Besuch, z. B. von den Schwiegereltern. Der Besuch erwartet ein Menü mit mindestens 3 Gängen. Leider hat Person A aber nur die Lebensmittel zu Hause, die auf der Rollenkarte angegeben sind. Außerdem sind an diesem Tag alle Geschäfte geschlossen.
3. Person A weiß, dass Person B ein/e Kochexperte/in ist und Rat geben kann. Sie ruft daher an, um sich Rat zu holen.

Anmerkungen

- Es gibt inhaltlich kein richtig oder falsch.
- Falls ein Lebensmittel unbekannt ist, klären Sie das Wort.
- Sollte Person B keinen Rat wissen, kann später im Plenum die Gesamtgruppe Rat erteilen.
- Dokumentieren Sie die korrekt verwendeten Redemittel (s. „Redemittel-Monitor", S. 135).

Weitere Szenarien

- Etwas erklären und Auskunft geben

Du musst überraschend ein Menü für 4 Personen zubereiten, da du unerwartet Besuch bekommst. Die Geschäfte haben heute geschlossen. Folgende Lebensmittel hast du im Haus:

4 Seelachsfilets (tiefgefroren)
2 Päckchen Schokoladenpudding
1 Becher Buttermilch
1 Aubergine
1 Bund Karotten
2 Tütchen gesalzene Mandeln
1 Netz Orangen
200 g rohen Schinken

Du hast außerdem **Zucker**, **Salz**, **Pfeffer**, **Öl**, **Essig**, **Butter**, **Margarine**.
Lass dir von einem/r Kochberater/in einen Vorschlag machen.

Du musst überraschend ein Menü für 4 Personen zubereiten, da du unerwartet Besuch bekommst. Die Geschäfte haben heute geschlossen. Folgende Lebensmittel hast du im Haus:

1 kg Paprikaschoten
2 Päckchen Backmischung für Marmorkuchen
1 Liter Ziegenmilch
1 großes Glas eingelegte saure Gurken
2 Gläser rote Bete
2 Tütchen gebrannte Mandeln
1 kg Spätzle
500 g Putenbrustfilets

Du hast außerdem **Zucker**, **Salz**, **Pfeffer**, **Öl**, **Essig**, **Butter**, **Margarine**.
Lass dir von einem/r Kochberater/in einen Vorschlag machen.

Du musst überraschend ein Menü für 4 Personen zubereiten, da du unerwartet Besuch bekommst. Die Geschäfte haben heute geschlossen. Folgende Lebensmittel hast du im Haus:

2 Hähnchen (tiefgefroren)
frischen Knoblauch
1 kg Aprikosen
2 Dosen Thunfisch in Öl
1 Knolle Sellerie
2 kg Reis
1 kg Äpfel
1 Avocado

Du hast außerdem **Zucker**, **Salz**, **Pfeffer**, **Öl**, **Essig**, **Butter**, **Margarine**.
Lass dir von einem/r Kochberater/in einen Vorschlag machen.

Du musst überraschend ein Menü für 4 Personen zubereiten, da du unerwartet Besuch bekommst. Die Geschäfte haben heute geschlossen. Folgende Lebensmittel hast du im Haus:

1 kg Zucchini
2 Becher Vanillesoße
1 kg Rotkohl
2 Dosen Mandarinen
1 Bund Chilischoten (Habanero, sehr scharf)
2 Dosen Ölsardinen
2 Packungen Spaghetti
2 Gläser grüne und schwarze Oliven

Du hast außerdem **Zucker**, **Salz**, **Pfeffer**, **Öl**, **Essig**, **Butter**, **Margarine**.
Lass dir von einem/r Kochberater/in einen Vorschlag machen.

Jemanden einladen

Beispielsituationen:

im privaten Bereich	eine WG lädt zur Einzugsparty ein
im Beruf	ein Mitarbeiter lädt seine Kollegen zum Dienst-jubiläum ein
im öffentlichen Bereich	eine Lehrerin lädt auf dem Elternabend die Eltern zum Schulfest ein

Dieses Szenario verlangt folgende sprachliche Handlungen:

- jemanden ansprechen
- eine Einladung aussprechen
- Termine angeben
- jemanden um etwas bitten
- sich bedanken

Typische sprachliche Mittel:

- Präpositionen
- Modalverben
- Konjunktiv II (Höflichkeit)
- Imperativ mit *bitte*

Einstieg

- Hallo.
- Guten Tag.
- Wie geht's?
- Du, ich hab Geburtstag …
- Ich habe doch am Sonntag Geburtstag …
- …

Einladung

- Ich möchte/würde dich gern zu … einladen.
- Ich möchte/würde Sie gern zu … einladen.
- Übrigens, nächsten Sonntag feiere ich …
- Möchtest du zu … kommen?
- Hast du Lust?
- Es wäre schön, wenn Sie an … teilnehmen könnten.
- …

Jemanden einladen

Beschreibung und Bitte um Rückmeldung

- Die Feier/Party findet am … um … Uhr bei mir / in der Stadthalle statt.
- Bitte sag Bescheid, ob du kommst.
- Bitte geben Sie mir Bescheid, ob Sie kommen werden.
- …

Antwort

- Danke für die Einladung. Ich komme gern.
- Es tut mir leid, aber leider kann ich nicht kommen.
- …

Reaktion

- Schön, ich freu mich schon.
- Bis dann. Auf Wiedersehen.
- Na, vielleicht sehen wir uns ein andermal.
- Das ist aber schade.
- …

12 Der wandernde Terminkalender

Niveau

ab A1

Material und Vorbereitung

- ein Terminplan (das aktuelle Datum ergänzen: für das kommende, das nächste, das übernächste und das überübernächste Wochenende)
- Schreibunterlage für Terminplan (z.B. Klemmbrett)
- Ball
- flotte Musik

Dauer

ca. 10 Minuten

Verlauf

1. Alle TN sitzen in einem geschlossenen Kreis, mit dem Rücken zur Mitte. Jeder hat einen Kugelschreiber zur Hand.
2. Geben Sie den Ball und den Terminplan in den Kreis und lassen Sie die Musik laufen. Beide Dinge werden schnell im Kreis weitergegeben; dabei darf auch die Richtung geändert werden.
3. Stoppen Sie die Musik. Sagen Sie zu dem/der TN mit dem Ball: „Mach bitte einen Anruf und lade jemanden ein."
   Zu der Person, die gerade den Plan hat, sagen Sie: „Dein Telefon klingelt."
4. Es folgt ein kurzes Telefonat (s. Beispiel auf der nächsten Seite). Wenn der/die Angerufene an dem entsprechenden Termin Zeit und Lust hat, wird dieser im Plan ausgestrichen.
5. Stellen Sie die Musik wieder an, beim nächsten Stopp gibt es ein neues Telefonat – das ausgestrichene Datum steht aber nicht mehr zur Verfügung. Für diesen Termin sollte sich der/die Eingeladene also entschuldigen (s. Beispiel auf der nächsten Seite).

Anmerkungen

- Achten Sie beim Stoppen der Musik darauf, dass Ball und Plan nicht immer bei denselben TN landen.
- Durch die Auswahl der Tage werden die „klassischen" Einladungstermine im deutschsprachigen Raum hervorgehoben (Freitagabend, Samstag, sonntags eher tagsüber – z.B. zum Kaffee –, da viele Leute am Montag wieder früh aufstehen müssen).

Weitere Szenarien

- Smalltalk und Alltagsgespräche

Beispiel

→ Pablo hat den Ball und ruft an, er weiß aber noch nicht, wen.

Pablo: Ring-ring!

Fumiko (*hat den Plan*): Hayashi.

Pablo: Hallo, Fumiko. Ich bin's, Pablo.

Fumiko: Oh, hallo Pablo, wie geht's? Was macht deine Erkältung?

Pablo: Schon viel besser, danke. Du, Fumiko, ich mache am Samstag in einer Woche bei mir eine kleine Party. Hast du Lust zu kommen?"

Fumiko (*sieht, dass dieser Termin schon gestrichen ist*): Ach, wie schade, Pablo, an dem Samstag bin ich abends schon verabredet. Du meinst doch den 25., oder?

Pablo: Ja, aber ich wollte schon so um zwei, drei anfangen. Ich habe gedacht, wenn das Wetter schön ist, könnten wir grillen.

Fumiko: Tja, also, wenn ich nur für den Nachmittag kommen kann …

Pablo: Klar kannst du, ich freu mich!

Fumiko: Super, ja, dann komme ich gern! Soll ich was mitbringen?

Pablo: Nö, nicht nötig. Also bis Samstag dann!

Fumiko: Ja, bis Samstag. Tschüss!

→ Fumiko streicht auf dem Plan den Samstagnachmittag aus. Dann läuft die Musik weiter.

Terminplan

Freitag, der	Abend	Freitag, der	Abend
Samstag, der	Vormittag	Samstag, der	Vormittag
	Nachmittag		Nachmittag
	Abend		Abend
Sonntag, der	Vormittag	Sonntag, der	Vormittag
	Nachmittag		Nachmittag
Freitag, der	Abend	Freitag, der	Abend
Samstag, der	Vormittag	Samstag, der	Vormittag
	Nachmittag		Nachmittag
	Abend		Abend
Sonntag, der	Vormittag	Sonntag, der	Vormittag
	Nachmittag		Nachmittag

© Ernst Klett Sprachen GmbH, Stuttgart 2016 | www.klett-sprachen.de | Alle Rechte vorbehalten
Kopieren für den eigenen Unterrichtsgebrauch gestattet.
ISBN 978-3-12-675184-1

Klett

13 Es tut mir schrecklich leid

Niveau

A2 – C1

Material und Vorbereitung

–

Dauer

ca. 20 Minuten

Verlauf

1. Die TN stehen im Kreis.
2. KL erklärt die Situation: Person A möchte Person B zu einer Party einladen. Person B soll höflich bedauern, dass sie nicht kommen kann und eine Begründung geben. Dabei ist es wichtig, dass das Gespräch „komplett" geführt wird: mit Begrüßung, kurzem Smalltalk, Erklären des Anlasses für die Einladung usw. (TN haben manchmal die Tendenz, zu direkt zum Punkt zu kommen, dann ist es aber kein authentisches Szenario mehr).
3. KL beginnt das Spiel, geht außen um den Kreis herum und klopft einer Person auf die Schulter. Diese ist jetzt der Gesprächspartner.
4. KL und TN spielen das Szenario durch. Dann geht der TN, der die Einladung abgesagt hat, um den Kreis herum und sucht sich einen neuen Partner usw.
5. Jede Entschuldigung darf nur einmal verwendet werden. Es ist Aufgabe der Gesamtgruppe, darauf zu achten. Wer die gleiche oder eine sehr ähnliche Entschuldigung nennt wie eine/r der anderen TN zuvor, geht in die Kreismitte.
6. Die TN in der Kreismitte versuchen diejenigen, die noch im Spiel sind, abzulenken, indem sie die Entschuldigungen laut kommentieren.
7. Gewonnen haben die beiden TN, die zuletzt noch im Kreis sind.

Anmerkungen und Varianten

- Wichtig ist, dass die Gesprächspartner sehr höflich sind.
- Statt jemanden einzuladen, kann man auch um einen Gefallen bitten. Dann dürfen sich die „Ausreden" nicht wiederholen.

Mögliche Entschuldigungen

- Mein Kind ist krank.
- Ich bekomme Besuch.
- Ich muss bis spät am Abend arbeiten.
- Ich fahre in Urlaub.
- Ich muss auf die Nachbarskinder aufpassen.
- Meine Oma wird 70 und ich muss noch drei Kuchen backen.
- Ich muss die Wohnung umräumen.
- …

Weitere Szenarien

- Smalltalk und Alltagsgespräche; Um einen Gefallen bitten (Variante)

Smalltalk und Alltagsgespräche

Beispielsituationen:

im privaten Bereich	Gespräch auf einer Party oder Familienfeier
im Beruf	Gespräch an der Kaffeemaschine oder am Kopierer
im öffentlichen Bereich	Gespräch bei einer Schulfeier

Dieses Szenario verlangt folgende sprachliche Handlungen:

- jemanden ansprechen
- ein Gespräch einleiten
- auf eine Äußerung reagieren
- nach dem Befinden fragen
- über Alltagsthemen sprechen
- beschreiben, berichten

Typische sprachliche Mittel:

- Zeit- und Ortsangaben
- Modalverben
- Fragesätze
- Konjunktiv II (Höflichkeit)
- Modalpartikeln (*übrigens, eigentlich ...*)

Typische Themen:

- Familie (wenn bekannt ist,
  dass der Gesprächspartner Familie hat)
- Wetter
- bekannte Persönlichkeiten
- Fernsehsendungen und Kinofilme
- Urlaub und Reisen
- besondere Ereignisse, z. B. Sport

Ungeeignete Themen für Smalltalk mit Fremden oder flüchtigen Bekannten:

- eigene finanzielle Verhältnisse
- Religion
- Sex
- Politik (nur mit guten Bekannten)

Weitere passende Spiele:

- 5 Diva; 10 Wo drückt der Schuh?; 12 Der wandernde Terminkalender; 13 Es tut mir schrecklich leid; 27 Geschichten aus dem Sachensack; 29 Kennenlern-Wimmeln

Kontaktaufnahme

- Hallo Herr Schlag.
- Guten Tag.
- …

Einstieg

- Wie geht es Ihnen?
- Wie geht es Ihrer Familie?
- Übrigens …
- Schönes Wetter heute.
- Haben Sie gestern das Fußball-spiel gesehen?
- …

Smalltalk und Alltagsgespräche

Austausch

- Danke. Sehr gut. Was macht Ihr kleiner Sohn?
- Ja, und ich habe gehört, es soll so schön bleiben.
- Fußball ist nicht mein Ding. Ich war den ganzen Abend spazieren.
- …

Abschluss

- Schön, Sie getroffen zu haben.
- Ganz meinerseits.
- Und grüßen Sie Ihre Familie von mir.
- …

14 Hallo, wie geht's?

Niveau

ab A1

Vorbereitung (optional)

• Sie können einige Gesprächsideen an die Tafel schreiben oder ein vorbereitetes Flipchartblatt gut sichtbar aufhängen (s. unten)

Dauer

ca. 10 Minuten

Verlauf

1. „Hallo, wie geht's?" ist eine Variation des bekannten Plumpsack-Spiels: Alle TN und Sie stehen im Kreis.
2. Fangen Sie an, indem Sie aus dem Kreis heraus treten, ein Stück weitergehen, jemanden antippen und fragen: „Hallo! Wie geht's?" Der/die TN verlässt ebenfalls den Kreis – Sie beide treiben kurz Smalltalk wie bei einer Begegnung auf der Straße.
3. Sobald Sie sich verabschiedet haben, laufen Sie im Uhrzeigersinn weiter, der/die TN gegen den Uhrzeigersinn. Wenn Sie sich wieder begegnen, folgt herzliches Händeschütteln mit Begrüßung, Smalltalk und Abschied. Anschließend versuchen Sie beide, als Erster wieder Ihren Platz im Kreis zu erreichen. Wer Letzter ist, beginnt die nächste Runde.

Anmerkungen

• Die Spielidee ist aus den *New Games* für den Fremdsprachenunterricht entlehnt:
   Fluegelman, Andrew / Tembeck, Shoshana: *New Games. Die neuen Spiele*. Bd. 1 und 2. Mülheim (Ruhr) 1996.
• Das Spiel eignet sich auch als „Energieaufbau-Aktivität" für alle Stufen.

Gesprächsideen

– Hallo!	– Wie geht's?	– Gut siehst du aus!
– Guten Tag!	– Wie geht es dir/Ihnen?	– Wie war der Urlaub?
– Guten Morgen!	– Und Ihrer Familie?	– Was macht die Arbeit?
– Lang nicht gesehen!	– Wie geht es deinem Mann?	– …
– …	– …	

15 Vorsicht, ansteckend!

Niveau

ab B1

Material und Vorbereitung

kleine Zettel mit Stimmungen und Eigenschaften von Personen beschriften, z. B.:
müde, nervös, gut gelaunt, schüchtern usw.

Dauer

ca. 10 Minuten

Verlauf

1. TN A zieht einen Zettel und spielt eine kleine Szene im Treppenhaus (s. Beispiel): Er/sie befindet sich dabei in der Verfassung, die auf dem Zettel angegeben ist.
2. Ein/e weitere/r TN zieht einen Zettel und betritt die Szene. Die beiden Nachbarn unterhalten sich und TN B steckt TN A mit seiner/ihrer Stimmung an.
3. TN C kommt dazu, beteiligt sich am Gespräch und überträgt seine/ihre Stimmung dabei auf die beiden TN A und B.
4. Das Spiel geht so weiter, bis 5–7 TN versammelt sind. Die Improvisation kann hier enden oder aber in umgekehrter Reihenfolge weitergespielt werden: Zuerst verabschiedet sich die Person, die als letzte dazugekommen ist, und alle geraten wieder in die Stimmung, die die vorletzte Person mitgebracht hat. Das geht so lange, bis TN A wieder allein und in seiner/ihrer ursprünglichen Stimmung ist.

Anmerkungen und Varianten

* Lassen Sie ungeübte Gruppen zuvor überlegen, über welche Themen Nachbarn typischerweise miteinander plaudern.
* Sobald klar ist, wie das Spiel funktioniert, können auch mehrere Gruppen parallel improvisieren.
* Die Spielidee stammt aus dem Improvisationstheater, dort ist die Ausgangssituation meist eine Party.

Beispiel

A **gut gelaunt** (*pfeift fröhlich beim Putzen der Treppe*)

B **nervös** (*kommt dazu*): Ohje, wo ist denn jetzt wieder mein Schlüssel? Ach, oh, äh, guten Tag, Frau Neumann …

A: Frau Schlüter, guten Tag, sagen Sie mal, wie viel Uhr ist es eigentlich? Ich müsste ja schon längst … Na, egal … Frau Schlüter, haben Sie heute Morgen den Postboten gesehen, ich weiß gar nicht …

C **müde** (*kommt herzhaft gähnend dazu*): Uuaah! Haaallo, meine Damen, naa … uuaah … Entschuldigung … Wie … geht's … denn… so?

B: Aaach, na ja, ganz … gut … so weit … Aber diese Frühjahrsmüdigkeit…

A (*gähnt*): Jaaaa, nicht wahr … Was wollte ich sagen …

B (*unterdrückt ein Gähnen*): Der Postbote, glaube ich …

A: Ach ja. (*gähnt*) Das ist ein anderer als sonst, das hat mich bloß gewundert … Ist ja auch egal. Ich weiß nicht, ich kann kaum die Augen offen halten …

usw.

16 Interessante und langweilige Gesprächspartner

Niveau

ab B1

Material und Vorbereitung

• Rollenkarten kopieren und ausschneiden

Dauer

10–15 Minuten

Verlauf

1. Die TN bekommen je eine Rollenkarte. Sie sollen sich vorstellen, dass sie sich auf einer Party befinden und dort mit verschiedenen Leuten ins Gespräch kommen.
2. Wenn sie auf jemanden treffen, dessen Lieblingsthema sie langweilt, sollen sie versuchen zu „entkommen", dabei aber höflich bleiben.

Rollenkarten

✂

Worüber du dich gern unterhältst:
deine Kinder
Hunde

Was du furchtbar langweilig findest:
Politik
Bürogeschichten

Worüber du dich gern unterhältst:
Kino
Politik

Was du furchtbar langweilig findest:
Geschichten über Kindererziehung
Sport

Worüber du dich gern unterhältst:
deine Arbeit (Büro)
Hunde

Was du furchtbar langweilig findest:
kulturelle Themen (Film, Theater, Musik)
Autos

Worüber du dich gern unterhältst:
Kindererziehung
Urlaubsreisen

Was du furchtbar langweilig findest:
was andere Leute von ihren Haustieren
erzählen
Bürogeschichten

Worüber du dich gern unterhältst:
Urlaubsreisen
Gesundheitsthemen

Was du furchtbar langweilig findest:
Klatsch über Prominente
Geschichten über Hausbau und Handwerker

Worüber du dich gern unterhältst:
Prominente
deinen Garten

Was du furchtbar langweilig findest:
Politik
wo andere Leute im Urlaub waren

Worüber du dich gern unterhältst:
deine Arbeit (Büro)
Autos

Was du furchtbar langweilig findest:
kleine Kinder
Klatsch über Prominente

Worüber du dich gern unterhältst:
Politik
Kindererziehung

Was du furchtbar langweilig findest:
Tiere
Geschichten über Hausbau und Handwerker

Worüber du dich gern unterhältst:
Sport
die Kollegen im Büro

Was du furchtbar langweilig findest:
Gerede über Pflanzen und Gartenarbeit
kulturelle Themen (Film, Theater, Musik)

Worüber du dich gern unterhältst:
Autos
Theater und Konzerte

Was du furchtbar langweilig findest:
Klatsch über Prominente
wenn Leute dauernd über ihre Gesundheit
reden

Rollenkarten

Worüber du dich gern unterhältst:
Tiere
Sport

Was du furchtbar langweilig findest:
kulturelle Themen (Film, Theater, Musik)
wenn Leute immer über Shopping und
Sonderangebote reden

Worüber du dich gern unterhältst:
Gesundheitsthemen
Reisen in ferne Länder

Was du furchtbar langweilig findest:
wenn Leute immer von Shopping und
Sonderangeboten reden
wenn Leute andauernd von ihrem Haus
erzählen

Worüber du dich gern unterhältst:
Gesundheitsthemen
wo man gut einkaufen kann

Was du furchtbar langweilig findest:
wo andere Leute im Urlaub waren
wenn Leute über ihren Garten reden

Worüber du dich gern unterhältst:
Prominente
dein Haus

Was du furchtbar langweilig findest:
Sport
wenn Leute dauernd über Krankheiten
reden

Worüber du dich gern unterhältst:
dein Garten
Prominente

Was du furchtbar langweilig findest:
Bürogeschichten
Kinder

Worüber du dich gern unterhältst:
Autos
Bauen und Renovieren

Was du furchtbar langweilig findest:
Politik
Tiere

Worüber du dich gern unterhältst:
Politik
Film und Theater

Was du furchtbar langweilig findest:
Sport
technische Details von Autos

Worüber du dich gern unterhältst:
wo man gut einkaufen kann
Sport

Was du furchtbar langweilig findest:
Politik
Gerede über Pflanzen und Gartenarbeit

Worüber du dich gern unterhältst:
wo man gut einkaufen kann
dein Haus

Was du furchtbar langweilig findest:
wenn Leute dauernd über Krankheiten
reden
wo andere Leute im Urlaub waren

Worüber du dich gern unterhältst:
deinen Garten
Krankheiten

Was du furchtbar langweilig findest:
wenn Leute immer über Shopping und
Sonderangebote reden
wenn Leute von ihren Autos reden

17 Münzenschnappen

Niveau

ab A2

Material und Vorbereitung

- deutlich hörbarer Signalgeber (Glocke oder Trillerpfeife) und Münzen

Dauer

5–10 Minuten

Verlauf

1. Partnerarbeit: jeweils zwei TN stehen einander gegenüber.
2. Jede/r TN braucht eine Münze, die auf die Fingerspitzen der ausgestreckten linken Hand gelegt wird.
3. Sagen Sie das erste Gesprächsthema an (z. B. „Haustiere"). Die Paare sollen sich darüber unterhalten. Sobald ein Signal ertönt, darf mit der rechten Hand nach der Münze des Gegenübers geschnappt und die eigene linke Hand zurückgezogen werden – aber nicht vorher!
4. Die Münzen werden ihren Besitzer/innen zurückgegeben. Alle wechseln die Partner und Sie sagen das nächste Thema an.

Anmerkungen

- Lassen Sie die Paare ein bis zwei Minuten plaudern, bevor Sie das Signal geben.
- Vielen Lernenden fällt das freie Plaudern leichter, wenn sie sich nicht zu sehr darauf konzentrieren. Die Erwartung des Signals zieht einen Teil der Aufmerksamkeit ab.
- Spielen Sie nicht mehr als fünf Runden und halten Sie die Gesprächsphasen kurz, sonst wird es zäh.
- Das Spiel ist auch ein gutes Warm-up.

Mögliche Themen

- Lieblingsessen
- Haustiere
- schlechte Angewohnheiten
- Feiertage
- Sport
- Autos
- Mode
- Verwandte
- Tipps zum Deutschlernen
- nette/r Lehrer/Lehrerin aus der Schulzeit
- Lieblingsmöbelstück
- ein tolles Geschenk, das man einmal geschenkt bekommen hat
- Spiele (Kindheit)
- Urlaubserlebnisse
- Pläne für die Zeit nach dem Kurs
- Fernsehen
- …

18 Ach übrigens

Niveau

A2 – C1

Material und Vorbereitung

- Themenkarten kopieren und ausschneiden

Dauer

ca. 15 Minuten

Verlauf

1. Bilden Sie Kleingruppen (ca. 4 TN).
2. Jeder TN erhält ein Themenkärtchen. Pro Kleingrupppe darf jedes Thema nur einmal vorkommen.
3. Ein TN beginnt über sein Thema zu sprechen, aber ohne das Thema zu nennen.
4. Ein weiterer TN der Gruppe unterbricht höflich und startet mit seinem Thema.
5. Die TN unterbrechen sich gegenseitig höflich und starten ihre Themen. Dies kann mehrmals passieren.
6. Nach ca. 10 Minuten werden die Gespräche gestoppt und die Gruppen erraten die Smalltalk-Themen.

Anmerkung

- Vor dieser Aktivität sollten die Redemittel zum höflichen Unterbrechen wiederholt werden:
  - Entschuldigung …
  - Ach, übrigens …
  - Also, dazu fällt mir ein …
  - Das erinnert mich an …
  - Wenn ich kurz dazu etwas sagen dürfte …
  - …

Themenkarten

Letzter Urlaub	**Letzter Urlaub**
Die Kinder	**Die Kinder**
Sport	**Sport**
Wetter	**Wetter**
Haustier	**Haustier**
Fernsehen	**Fernsehen**
Hobby	**Hobby**
Ausflug	**Ausflug**
Verkehr	**Verkehr**

Handlungsbegleitende Gespräche

Beispielsituationen:

im privaten Bereich	gemeinsames Kochen, Basteln oder Renovieren
im Beruf	Teamarbeit

Dieses Szenario verlangt folgende sprachliche Handlungen:

- etwas beschreiben
- nachfragen
- Maße, Zeiträume etc. angeben
- jemanden um etwas bitten

Typische sprachliche Mittel:

- Präpositionen
- Modalverben
- Konjunktiv II (Höflichkeit)
- Imperativ + *bitte*
- Lokal- und Temporaladverbien (*hier, da, dort, dahin, dorthin, hierher, jetzt, nachher, morgen, sofort*)
- Demonstrativpronomen und -artikel (*dieser, jener; der, die, das*)

Weitere passende Spiele:

- 20 Geschichtenpuzzle; 21 Origami-Botschafter; 24 Diavortrag

Beschreibung

- Schau, das geht so.
- Ich ziehe mit dem Stift eine Linie von hier nach da.
- Leg das mal dahin.
- So, jetzt kommen zuerst die Zwiebeln ins Öl.
- …

Nachfragen

- Meinst du so?
- Guck mal, kann ich das auch so machen?
- Was machen wir als Nächstes?
- …

Handlungsbegleitende Gespräche

Bitte

- Gib mir (doch) mal bitte …
- Kannst du mir … geben?
- Mach schon mal …
- …

Antwort

- Ach so.
- Ja, genau.
- Meinst du?
- …

→ Typisch für handlungsbegleitende Gespräche sind unvollständige Sätze, fehlende Verknüpfungen und Gedankensprünge.

19 Kordelrätsel

Niveau

ab B1

Material und Vorbereitung

- pro TN ein Stück Schnur, dessen Enden zu zwei Schlaufen geknotet sind, durch die eine Hand passt (s. Abbildung 1), Länge inkl. der Schlaufen ca. 80 cm

Dauer

ca. 5 Minuten

Verlauf

1. Partnerarbeit: TN A streift die Schlaufen seiner Kordel über seine/ihre Handgelenke, TN B ebenfalls, führt aber seine Kordel zuvor durch die Schnur von TN A (s. Abbildung 2).
2. Geben Sie die Regeln bekannt:
   - Die Paare sollen voneinander loskommen, ohne die Schnüre zu beschädigen oder von den Handgelenken zu streifen.
   - Es darf nur Deutsch gesprochen werden.
3. Bleiben Sie im Hintergrund, bis die Aufgabe gelöst ist oder die TN erkennbar keine Lust mehr haben.

Lösung

- Eigene Kordel hinter eine Schlaufe des Partners legen und durch die Schlaufe nach vorn ziehen (s. Abbildung 3).
- Partner steckt seine Hand durch diese neue Schlaufe und zieht sie zurück (s. Abbildung 4).

Anmerkungen

- Widerstehen Sie der Versuchung, helfend oder korrigierend einzugreifen oder Fragen zu beantworten – es geht nicht um das Endprodukt, sondern darum, was beim Lösen der Aufgabe gesprochen wird.
- Wenn Sie möchten, dokumentieren Sie die korrekt verwendeten Redemittel (s. „Redemittel-Monitor", S.135).
- Dieses Spiel ist auch ein gutes Warm-up für eine müde Gruppe, z. B. in Abendkursen.

Kordelrätsel

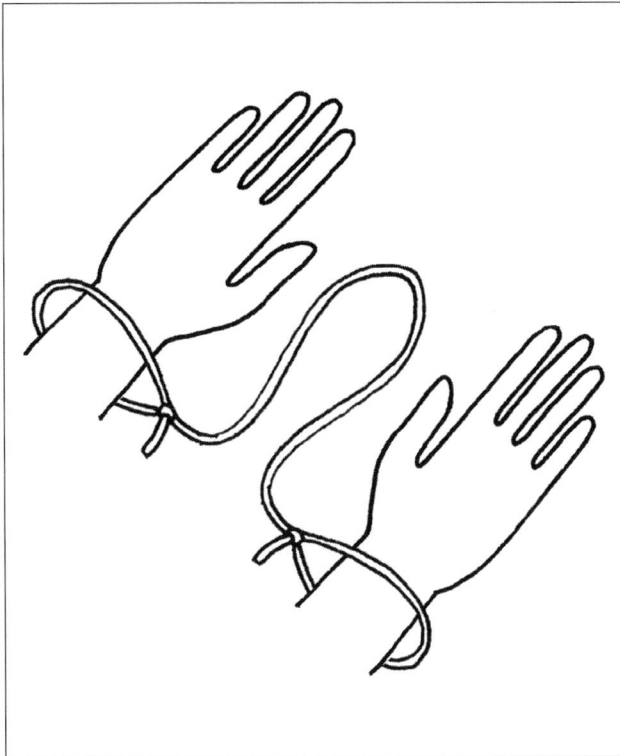

Abbildung 1

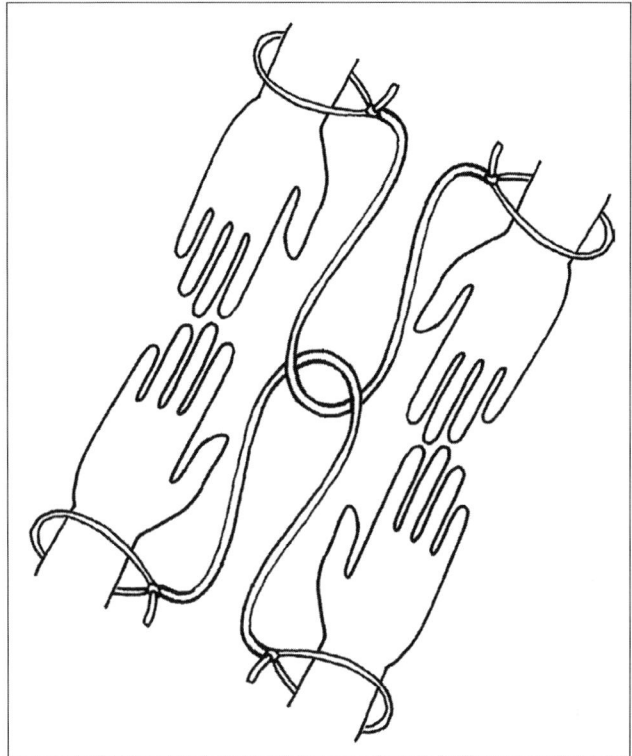

Abbildung 2

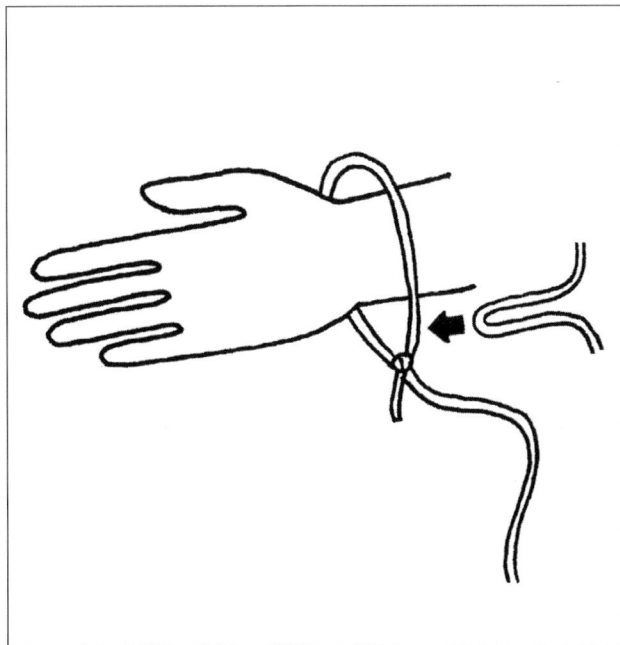

Abbildung 3

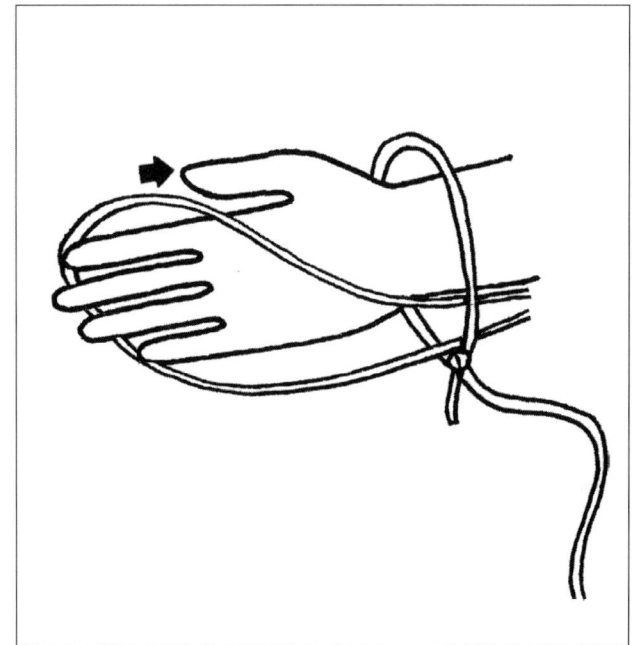

Abbildung 4

Etwas erklären und Auskunft geben

Beispielsituationen:

| im privaten Bereich | eine Frau soll sich während des Urlaubs von Freunden um deren Haus kümmern und bekommt dafür eine entsprechende Einweisung |

| im Beruf | ein Neuling im Betrieb erhält Auskunft über bestimmte Arbeitsabläufe |

| im öffentlichen Bereich | ein Mann erhält eine Wegbeschreibung und Auskunft über passende Verkehrsverbindungen |

Dieses Szenario verlangt folgende sprachliche Handlungen:

- jemanden ansprechen
- etwas beschreiben
- unterbrechen, nachfragen
- Verständnis signalisieren
- sich bedanken
- auf Dank reagieren

Typische sprachliche Mittel:

- Präpositionen
- Passiv
- Modalverben
- Aussagesätze als Instruktion (*Sie gehen dann...*)
- Imperativ

Weitere passende Spiele:

- 3 Rätselhafte Reklamationen; 6 Womit kriege ich dich?; 7 Verrücktes Restaurant; 8 Stummer Reisender; 10 Wo drückt der Schuh?; 21 Origami-Botschafter; 25 Lügenbericht; 28 Mein Netzwerk

© Ernst Klett Sprachen GmbH, Stuttgart 2016 | www.klett-sprachen.de | Alle Rechte vorbehalten
Kopieren für den eigenen Unterrichtsgebrauch gestattet.
ISBN 978-3-12-675184-1

Einstieg

- Hallo, Herr Bauer.
- Du, Gerd, wenn du jetzt Zeit hast …
- …

Um Informationen bitten oder Auskunft anbieten

- Könnten Sie mir sagen …
- Wissen Sie zufällig …
- Ich würde gern wissen …
- Ich zeig' dir dann mal …, ja?
- Vielleicht schauen wir uns jetzt … an?
- Ich würde Ihnen gern … zeigen.
- …

Etwas erklären und Auskunft geben

Erklärung / Auskünfte

- Das hier ist …
- Damit kann man …
- Hier wird …
- Du nimmst einfach …
- Sie können auch …
- Da drüben sehen Sie …
- Nehmen Sie …
- …

Abschluss

- Alles klar?
- Wenn Sie noch Fragen haben, können Sie sich gern an mich wenden.
- Besten Dank.
- Danke für die Auskunft.
- …

20 Origami-Botschafter

Niveau

ab B1

Material und Vorbereitung

- farbige A4-Bögen (einer pro Kleingruppe und einer für Sie)
- auf eine Seite Ihres Bogens „Text" schreiben

Dauer

20–30 Minuten (inkl. Brief schreiben)

Verlauf

1. Teilen Sie Kleingruppen (4–5 TN) ein. Jede Gruppe bekommt einen Bogen Papier.
2. Jede Gruppe schreibt einen kurzen Brief an die Gruppe, die ihr im Uhrzeigersinn am nächsten ist. Es darf nur eine Seite des Blattes beschrieben werden. Den fertigen Brief behält die Gruppe zunächst.
3. Sagen Sie den TN, dass Sie ihnen eine hübsche Brieffaltung zeigen möchten. Erklären Sie die Regeln:
   - Jede Gruppe schickt eine/n „Delegierte/n" zu Ihnen, nur diesen Delegierten zeigen Sie den ersten Schritt der Faltung.
   - Die Delegierten erklären einer anderen Person in ihrer Kleingruppe, wie sie das Papier falten soll. Wer erklärt, darf das Papier selbst nicht anfassen!
   - Für den nächsten Schritt wird ein/e neue/r Delegierte/r bestimmt und jemand anderes übernimmt das Falten.
   - Die Gruppe verspricht, während des Spiels nur deutsch zu sprechen.
4. Setzen Sie sich, wenn möglich, auf den Gang, auf jeden Fall aber außer Sichtweite. Warten Sie, bis alle Delegierten für die erste Runde bei Ihnen eingetroffen sind und falten Sie dann schweigend Schritt 1 des Herzbriefs (s. Anleitung nächste Seite). Wenn die TN möchten, können Sie den Schritt wiederholen, achten Sie aber darauf, nicht zu sprechen.
5. Verfahren Sie bei den weiteren Faltschritten ebenso. Warten Sie jeweils, bis von jeder Gruppe ein/e Delegierte/r bei Ihnen ist.
6. Nach dem letzten Schritt dürfen die Herzen weitergereicht und die Briefe gelesen werden.

Anmerkungen und Varianten

- Sie sollten den Herzbrief auswendig falten können Es ist ungünstig, während des Spiels in die Anleitung zu sehen.
- Natürlich können Sie auch andere Origamifiguren nehmen und auf das Briefeschreiben verzichten.
- In jeder Gruppe können diejenigen, die gerade nicht dran sind, die verwendeten Redemittel notieren. Diese können im Anschluss besprochen und korrigiert werden.

Weitere Szenarien

- Um Informationen bitten; Handlungsbegleitende Gespräche

Faltanleitung für den Herzbrief

① A4-Blatt falten und wieder auffalten.

Text

② Falten und wieder auffalten.

③ Wenden, falten und wieder auffalten.

④ Das vorgeknickte Blatt wenden und in „Häuschenform" zusammenlegen.

⑤ Die Ecken der obersten Lage nach oben falten.

⑥ Seiten zur Mitte falten.

⑦ Wenden und untere Hälfte nach oben falten.

⑧ Die obere Lage des dreieckigen „Dachs" nach unten falten

⑨ Die unteren Ecken zur Mitte falten und die Spitzen in den „Taschen" des mittleren Dreiecks feststecken.

⑩ Die Spitzen der beiden „Ohren" nach unten falten und unter dem mittleren Dreieck feststecken.

rückwärtige Ansicht

21 Geschichtenpuzzle

Niveau

ab B1

Material und Vorbereitung

- Eine Geschichte kopieren und in Streifen schneiden. Wenn die Gruppe mehr als 17 TN hat, lassen Sie einige TN zusammenarbeiten – sie bekommen dann zu zweit einen Streifen. Falls die Gruppe kleiner ist, schneiden Sie den Text einfach in weniger Teile.

Dauer

10–20 Minuten

Verlauf

1. Erklären Sie unbekannte Vokabeln, die zum Verständnis der Geschichte nötig sind.
2. Jede/r TN bekommt einen Textstreifen. Sagen Sie der Gruppe, dass sie den Text in die richtige Reihenfolge bringen soll, dass Sie dabei nicht helfen werden, und dass es zwei wichtige Regeln gibt:
   - Der Text darf nicht gezeigt werden!
   - Es darf nur Deutsch gesprochen werden!
3. Ansonsten ist alles erlaubt.
4. Bleiben Sie dann im Hintergrund, bis die Aufgabe gelöst ist (s. u.).

Anmerkungen

- Widerstehen Sie der Versuchung, helfend oder korrigierend einzugreifen oder Fragen zu beantworten – es geht nicht um das Endprodukt, sondern darum, was beim Lösen der Aufgabe gesprochen wird.
- Dokumentieren Sie die korrekt verwendeten Redemittel (s. „Redemittel-Monitor", S. 135).
- Selbstverständlich können Sie auch andere Texte verwenden. Besonders reizvoll ist es, wenn die Geschichte ein offenes Ende hat oder ein Rätselelement beinhaltet, so dass man mit der fertigen Geschichte noch etwas tun kann. In unseren Beispielen könnten Sie die Fragen stellen:
   - *Warum nennt Holmes Watson einen Dummkopf?*
   - Antwort: *Das Zelt ist gestohlen worden!*
   - *Was ist die Antwort auf die Frage von Moritz' Mutter?*
   - Antwort: *Es ist gleich viel Milch im Kakao wie Kakao in der Milch.*

Weitere Szenarien

- Handlungsbegleitende Gespräche; Diskussion; Konsensfindung

✂

Sherlock Holmes und Dr. Watson machten zusammen eine Wandertour.

Abends stellten sie ihr Zelt auf und zündeten ein Feuer an.

Nach dem Abendessen krochen sie ins Zelt und schliefen sofort ein.

Mitten in der Nacht wachte Holmes plötzlich auf.

„Watson", rief er, „wachen Sie auf!"

Er musste mehrmals rufen und Watson schütteln, bis dieser endlich aufwachte.

Schließlich schlug Watson die Augen auf.

„Was ist denn los?" brummte er schläfrig.

„Sagen Sie mir, was Sie sehen, Watson!"

„Ich sehe Sterne, Holmes – der Himmel ist ganz klar."

„So, und was sagt Ihnen das, Watson?" wollte Holmes wissen.

„Tja, das das sagt mir, dass das Universum unendlich viele Sterne und Galaxien hat, und dass wir wahrscheinlich nicht allein sind."

Er warf Holmes einen Blick zu und sah, dass dieser anscheinend mit der Antwort nicht besonders zufrieden war.

Also versuchte er es noch einmal:

„Wenn ich all diese Schönheit sehe, komme ich mir außerdem auch sehr klein und unwichtig vor.

Und was sagt Ihnen dieser herrliche Nachthimmel, mein lieber Holmes?"

Da rief Holmes: „Watson, was sind Sie doch für ein Dummkopf!"

Der kleine Moritz spielte für sein Leben gern Kochen.

Eines Tages war er zu einer Geburtstagsparty eingeladen.

Das Geburtstagskind hieß Sophie, war Moritz' beste Freundin und wurde an diesem Tag vier Jahre alt.

Seine Mutter brachte Moritz zu Sophies Haus.

Sophies Mutter begrüßte Moritz mit den Worten:

„Hallo Moritz! Schön, dass du da bist – du bist übrigens der Erste!

Setz dich doch schon mal an den Geburtstagstisch – Sophie kommt gleich, die muss noch gebadet werden. Sei schön brav und fass bitte nichts an."

Moritz saß also allein am Tisch. Auf dem Tisch standen eine Kanne mit einem Liter Milch und eine zweite Kanne mit einem Liter Kakao.

Das war etwas für Moritz! Wie gesagt – er spielte schrecklich gern Kochen.

Erst mal füllte er sorgfältig eine Tasse bis zum Rand mit Kakao und goss diesen in die Milch. Dann rührte er natürlich gründlich um!

Anschließend füllte er die Tasse wieder, und zwar diesmal aus der Milchkanne.

Diese zweite Tasse leerte er dann in den Kakao. Toll war das! Wie würde sich Sophies Mutter über die neuen Mixgetränke freuen!

Abends lag Moritz in seinem Bett, seine Mutter deckte ihn zu.

„Na, mein Schatz," sagte sie. „Hattest du Spaß auf Sophies Geburtstag?"

„Ja, Mama! Ich habe gekocht! Aber ich glaube, Sophies Mama hat sich gar nicht gefreut." Dann erzählte er seiner Mutter genau, was er gemacht hatte.

Nachdem der Kleine eingeschlafen war, dachte Moritz' Mutter noch lange nach.

Sie fragte sich: War jetzt eigentlich mehr Kakao in der Milch als Milch im Kakao? Oder war es umgekehrt?

Klett

22 Wo geht's lang?

Niveau

ab A2

Material und Vorbereitung

- pro TN zwei Namenszettel

Dauer

15 Minuten

Verlauf

1. Die TN erhalten je zwei kleine Zettel, die sie mit ihrem Namen beschriften. Einen der Namenszettel bekommt der/die KL.
2. Die TN verstecken einen der Zettel im Unterrichtsgebäude oder im nahen Umkreis (darauf achten, dass sie nicht wegfliegen können).
3. Die TN kommen zurück in den Unterrichtsraum. Der KL legt die Namenszettel aus. Jeder TN zieht einen Namenszettel (aber nicht seinen eigenen, wenn dies passiert, bitte mit einem anderen KT tauschen).
4. Jeder TN fragt die Person, deren Name auf dem Zettel steht, wie er zu dem jeweiligen Versteck gelangt.
5. Sagen Sie den TN, dass es möglich ist, komplizierte (aber nicht falsche) Wegbeschreibungen zu geben oder die anderen TN auf Umwege zu schicken. Dadurch müssen sie immer wieder zurückkommen und nachfragen.
6. Wer zuerst den Namenszettel aus dem Versteck in den Unterrichtsraum zurückgebracht hat, hat gewonnen.

Anmerkung

- Dieses Spiel funktioniert nur, wenn genügend Präpositionen und Orts- und Richtungsangaben eingeführt sind.

23 So kommen Sie zu uns

Niveau

ab A2

Material und Vorbereitung

• für jeden TN den Stadtplanausschnitt kopieren

Dauer

ca. 20 Minuten

Verlauf

1. Erklären Sie die Situation: Die TN arbeiten in einem Büro, das gerade in ein neues Gebäude umgezogen ist. Jeder soll für sich den neuen Standort des Büros im Plan markieren – aber nicht den anderen zeigen.
2. Die TN bilden Paare. Die Aufgabe ist, jeweils den anderen TN anzurufen. Dieser gibt telefonisch Auskunft, wie man z. B. vom Hauptbahnhof aus zum neuen Büro kommt. Der Anrufer verfolgt den beschriebenen Weg auf dem Stadtplan und fragt nach, wenn dies notwendig ist. Der gefundene Zielort wird im Stadtplan markiert. Danach wechseln die TN die Partner und das Spiel beginnt von Neuem.
3. Am Ende können die TN untereinander die Stadtpläne vergleichen und sehen, ob sie am richtigen Ziel angekommen wären.

Anmerkungen

• Für dieses Spiel verwenden Sie am besten Stadtpläne vom jeweiligen Kursort. Bei der Touristen-Information gibt es meistens kostenlose Pläne.
• Vor Beginn des Spiels lohnt es sich, die Redemittel für Telefongespräche und Wegbeschreibungen zu wiederholen.

Legend:

Landtag	Ministerien (Min.), Behörden und Einrichtungen des Landes
	Fußgängerzone (Geschäftsstraßen)
S	S-Bahn-Station
U	U-Bahn-Station

0   50   100   200 m

Panoramastr.
Birkenwaldstr.
Krieger-stffl.
Heilbronnerstr.
Am Hauptbahnhof
K.-Kaulla-Weg
Mittl. Schlossgarten

Ind.- und Handelskammer
Jägerstr.
DBAG
Ossietzkystr.
Goethestr.
Kronenstr.
Keplerstr.
Kriegsbergstr.

K.-G.-Kiesinger-Pl.
Hauptbahnhof
Zentraler Omnibusbahnhof
Carl-Zeiss-Planetarium
Arnulf-
Klett
Platz
Landespavillon
Schiller-str.
Gebhardt-Müller-Platz
14

Herdweg
Linden-Museum
Hegelstr.
Katharinen-Hospital
Holzgartenstr.
Br.
Universität
Friedrichsplatz
27
Lautenschlagerstr.
Thouretstr.
Staatstheater
Königin-Kath.-Stift

Kultur-u. Kongresszentrum Liederhalle
Universitäts-Bibliothek
FH f. Technik
Schellingstr.
Kienestr.
Huberstr.
Soz.-Min.
Domkirche St. Eberhard
Stauffenbergstr.
Kunstgebäude
Finanzmin.
Staatsgalerie

Platz d. Dt. Einheit
Haus der Wirtschaft
Königsbau
Bolzstr.
Adenauerstr.
Moserstr.

Liederhalle
U
Büchsenstr.
Min. f. Wirtsch., Mittelstand u. Technologie
Heuss-Str.
Fürstenstr.
Kl. Schloss-pl.
Schlossplatz
Neues Schloss
Landtag
Kultusmin.
Hochschule f. Musik
Landesbibl.
Gerichte
Ulrichstr.
Urban-Archiv-str.

Leuschnerstr.
Hospitalkirche
Justizmin.
Stifts-Kirche
Altes Schloss
Charlottenplatz
Hauptstaatsarchiv

Fritz-Elsas-Str.
Hohe Str.
Lange Str.
Firnhaberstr.
Hospital-str.
Theodor-Str.
Min. für Wiss. u. Forsch.
Stiftstr.
Dorotheenstr.
Markthalle
Innenmin.
Olgastr.
Uhlandstr.
Charlotten-
Br.

Rotebühlplatz
Calwer Str.
J.-Süß-Oppenh.-Platz
Marktplatz
Karlstr. Pass.
Holzstr.
Rosenstr.
Brennerstr.
Blumenstr.

Rotebühlbau
Min. für Arbeit und Soziales
König-str.
Neue Brücke
Breite Str.
Rathaus
G.-Siegle-Haus
Leonhardsplatz
Leon-hards-Wagnerstr.
Katharinenplatz

Br.
Rotebühlstr.
27a
Sophienstr.
Tagblattturm
Eberhard-str.
Leonhardskirche

Erzählen und berichten

Beispielsituationen:

| im privaten Bereich | eine Frau schildert einer Freundin ein Urlaubs-erlebnis |

| im Beruf | ein Mitarbeiter berichtet von einer Veranstaltung |

Dieses Szenario verlangt folgende sprachliche Handlungen:

- etwas beschreiben
- von etwas berichten
- Beispiele geben
- Meinung äußern
- etwas strukturiert vortragen

Typische sprachliche Mittel:

- Tempora der Gegenwart und Vergangenheit (Präsens, Perfekt, Präteritum, Plusquamperfekt)
- Adjektive
- Lokaladverbien
- Temporaladverbien
- Nebensätze
- Relativsätze

Weitere passende Spiele:

- 10 Wo drückt der Schuh?; 35 Moralisch oder unmoralisch?

Eröffnung

- Guten Tag, meine Damen und Herren.
- Heute möchte ich von … berichten.
- Heute geht es um …
- Du, ich muss dir unbedingt was erzählen.
- Du wolltest doch wissen, wie die Fortbildung war.
- …

Erzählen und berichten

Einleitung

- Wie Sie alle wissen …
- Als ich gestern …
- Ich war (doch) gestern in …
- Es ist noch nicht lange her, dass …
- Also …
- …

Erzählung / Bericht

- Zuerst …
- Dann …
- Danach …
- Außerdem …
- Plötzlich …
- Schließlich …
- …

Abschluss / Ergebnis

- Vielen Dank für Ihre Aufmerksamkeit.
- Danke fürs Zuhören.
- …

24 Diavortrag

Niveau

ab A2

Material und Vorbereitung

- evtl. Musik

Dauer

25–30 Minuten

Verlauf

1. Bilden Sie Gruppen von 5–7 TN, jede Gruppen soll sich vorstellen, sie hätte gemeinsam Urlaub gemacht. Geben Sie fünf Minuten Zeit für ein Brainstorming: Wo waren wir, was haben wir erlebt?
2. Sagen Sie den Gruppen, sie hätten je 8–10 Fotos gemacht, die sie in einem Diavortrag zeigen möchten. Die Fotos werden von Mitgliedern der Gruppe dargestellt, während ein anderes Mitglied erzählt.
3. Geben Sie weitere 10–15 Minuten Zeit, um die „Dias" zu entwerfen und einzustudieren. Falls die Räumlichkeiten es zulassen, können sich die Gruppen zum Proben zurückziehen (wichtige Regeln: s. u.).
4. Der Vortrag: Das Publikum blickt „auf die Leinwand". Der/die Erzähler/in gibt das Kommando „Augen zu!". Wenn das erste Dia steht, heißt es „Augen auf!", bevor das nächste Bild drankommt, gilt wieder „Augen zu!".

Anmerkungen und Varianten

- Für einen eindrucksvollen Vortrag sollten ein paar Regeln beachtet werden:
  - Nicht nur die Bilder beschreiben („Hier sind Valentina und Paolo auf einem Kamel"), sondern vom Urlaub erzählen („Von Kairo aus haben wir einen Ausflug zu den Pyramiden gemacht. Dort sind wir auf Kamelen geritten, wie man – Augen auf! – hier sieht."). Das bedeutet, dass auch zwischen den einzelnen Bildern erzählt werden kann.
  - Die Person, die erzählt, sollte von Bild zu Bild wechseln.
  - Nicht auf jedem Bild müssen alle TN einer Gruppe zu sehen sein.
  - Es handelt sich um Dias, nicht um einen Film. Also still halten, wenn das Publikum die Augen offen hat.
- Damit die Vorbereitungszeit eingehalten wird, können die Gruppen jemanden bestimmen, der auf die Uhr schaut („Zeitwächter/in"). Außerdem sollte auf schriftliches Ausformulieren verzichtet werden.
- Besonders attraktiv wird der Vortrag mit „Umbau-Musik": Starten Sie Musik und lassen Sie sie bis zum Ende des Vortrags durchlaufen. Fahren Sie die Lautstärke stark herunter, während gesprochen wird, und wieder höher, während umgebaut wird. Geeignet ist Musik, die an die Stummfilmära erinnert, z. B. von *I Salonisti*.
- Das Thema muss keine Urlaubsreise sein, auch eine virtuelle Tour durch eine Firma oder der Gang über eine Messe (je nach Lernergruppe) ist geeignet.
- Sie können die Diashow auch nutzen, um die TN das Gelernte der vergangenen Wochen zusammenfassen zu lassen.

Weitere Szenarien

- Etwas erklären und Auskunft geben; Konsensfindung; Handlungsbegleitende Gespräche (Vorbereitungsphase)

25 Lügenbericht

Niveau

ab A2

Dauer

30–40 Minuten

Verlauf

1. Bilden Sie eine gerade Anzahl von Dreiergruppen. Wenn dies nicht möglich ist, dürfen auch Paare dabei sein.
2. Sagen Sie den Gruppen, dass sie eine bestimmte Position haben, in der sie einen Bericht verlangen dürfen. Nennen Sie Beispiele (s. u.). Die Gruppe bekommt ein paar Minuten Zeit, sich zu überlegen, wer sie sind und von wem und über was sie einen Bericht erwarten.
3. Je zwei Kleingruppen kommen zusammen. Beide erteilen der jeweils anderen Gruppe den Auftrag, einen Bericht nach ihren Vorgaben zu erstellen.
4. Dann trennen sich die Gruppen wieder und haben 10–15 Minuten Zeit für die Vorbereitung ihres Berichts:
    *   Sie sollen den gewünschten Bericht erstellen (mündlicher Austausch).
    *   In den Bericht sollten ein paar Unwahrheiten eingebaut sein.
    *   Eine Person aus der Gruppe soll sich darauf vorbereiten, den Bericht vorzutragen.
    *   Die übrigen Gruppenmitglieder sollen sich darauf vorbereiten, den Bericht pantomimisch zu begleiten. An den Stellen, wo gelogen wird, sollen sie jedoch darstellen, was wirklich passiert ist.
5. Dieselben Gruppen wie zuvor kommen zusammen. Eine Gruppe beginnt und trägt ihren Bericht – mündlich und pantomimisch – vor. Die „Auftraggeber" versuchen gleichzeitig, die Lügen zu entdecken.

Anmerkungen und Varianten

*   Dieses Spiel ist besonders gut geeignet für Deutschkurse für den Beruf.
*   Es ist außerdem eine ausgezeichnete Hörverstehensübung.
*   Wenn Sie genug Zeit haben, können Sie auch einige oder alle Berichte vor der ganzen Lerngruppe vorführen lassen, da das Zuschauen und -hören meist viel Spaß macht.

Weitere Szenarien

–   Um Informationen bitten; Etwas erklären und Auskunft geben

Beispiele

*   Mitarbeiter eines Krankenhauses berichten den Oberärzten, was am Wochenende auf der Station passiert ist.
*   Angestellte einer Firma sollen über eine Fortbildung berichten, die sie gemeinsam besucht haben.
*   Büroangestellte berichten ihren Vorgesetzten, was sie während deren Abwesenheit alles erledigt haben.
*   Halbwüchsige Kinder sollen am Telefon ihren Eltern berichten, wie sie mit dem Haushalt klarkommen (die Eltern sind zum ersten Mal ohne die Kinder im Urlaub).
*   Sportangler sollen ihren Ehefrauen berichten, wie ihr Angelausflug war.

26 Sag mir welches Schaf du bist

Niveau

ab A2

Material und Vorbereitung

- pro TN eine Kopie des Bildes auf der nächsten Seite

Dauer

ca. 20 Minuten

Verlauf

1. Sammeln Sie Wortschatz zum Thema Party und wiederholen Sie gegebenenfalls Redemittel zur zeitlichen Gliederung einer Geschichte.
2. Jede/r TN bekommt eine Kopie des Bildes.
3. Jede/r TN sucht sich ein Schaf auf dem Bild aus und schlüpft in dessen Rolle. Er/sie kann dem Schaf einen Namen geben.
4. Die TN denken sich eine Geschichte aus: Was haben sie als Schaf X auf der Party erlebt?
5. Die TN wimmeln und erzählen jeweils einer/einem anderen TN ihre Geschichte ohne dabei zu verraten, welches Schaf sie sind.
6. Die Gesprächspartner erraten, welches Schaf der/die TN ausgewählt hat.
7. Bleiben Sie im Hintergrund, bis die Aufgabe gelöst ist (s.u.).

Anmerkung

- Selbstverständlich können Sie auch andere Bilder verwenden. Geeignet sind alle Wimmelbilder, also Bilder mit vielen Personen oder Tieren, die alle „etwas tun".

Wir danken Laura A. Hantschel für die Zeichnung.

27 Geschichten aus dem Sachensack

Niveau

ab A2$^+$

Material und Vorbereitung

- Spielkartenpack zur Gruppenbildung
  (zur Zusammensetzung je nach Anzahl der TN: s. Übersicht)
- Sachensack: ein Beutel mit verschiedenen kleinen Gegenständen, mindestens so viele, wie die Gruppe TN
  hat (geeignet sind kleine Werkzeuge, Küchenutensilien, Nippes, Spielzeuge, Flohmarktartikel, Steine,
  Muscheln usw.)
- evtl. Signalgeber (Klingel, Hupe o. ä.)

Dauer

ca. 20 Minuten

Verlauf

1. Lassen Sie aus dem vorbereiteten Pack jede/n TN eine Karte ziehen. Alle TN mit dem gleichen Kartenwert
   tun sich zusammen (also alle Damen, alle Könige usw.). Es entstehen Dreiergruppen, bei einer nicht durch 3
   teilbaren TN-Zahl auch ein oder zwei Vierergruppen (s. dazu auch Anmerkungen).
2. Es folgt ein Rollenspiel über drei Runden:
   - Rufen Sie alle TN mit der Kartenfarbe Karo zu sich – jeder darf etwas aus dem Sachensack ziehen.
   - Geben Sie den Auftrag für das Rollenspiel (Vorschläge auf der nächsten Seite) so, dass alle ihn hören
     können.
   - TN kehren in ihre Gruppen zurück und das Rollenspiel beginnt; lassen Sie es ca. fünf Minuten laufen
     (bzw. so lang, wie bei allen Gruppen der Energiepegel hoch ist).
   - Für die nächste Runde rufen Sie Herz auf, für die dritte Runde Pik. Lassen Sie jeweils wieder Gegenstände
     ziehen, geben Sie aber jedes Mal einen anderen Spielauftrag.

Anmerkungen

- Falls Vierergruppen dabei sind, achten Sie darauf, dass jeder eine Rolle hat (beim Brautpaar kann z. B. zusätzlich die Brautmutter anwesend sein). In den Vierergruppen kommen die TN mit der Kartenfarbe Kreuz nicht
  selbst mit Erzählen dran.
- Es ist keineswegs ein Nachteil, wenn der Sachensack Gegenstände enthält, die die TN nicht eindeutig identi-
  fizieren können (in unserem befindet sich z. B. ein Gitarren-Kapodaster, der vielen TN Rätsel aufgibt). Wenn
  die TN Sie (vor dem Rollenspiel) fragen, was das ist, geben Sie keine Auskunft! Sie sollen ihre Fantasie einsetzen. Dabei entstehen oft die besten Geschichten.
- Nach dem eigentlichen Rollenspiel können Sie die einzelnen Gruppen kurz über die interessantesten Geschichten berichten lassen.

Weitere Szenarien

- Etwas erklären und Auskunft geben; Smalltalk und Alltagsgespräche

Mögliche Vorgaben für die Rollenspiele

Freunde von euch haben geheiratet, aber ihr wart im Urlaub und habt die Hochzeitsfeier verpasst. Im Urlaub habt ihr euer ganzes Geld ausgegeben und habt deshalb auf dem Flohmarkt für ein paar Cent noch schnell ein Geschenk gekauft. Jetzt macht ihr einen Besuch bei den Brautleuten. Die sollen natürlich denken, dass euer Geschenk etwas ganz Besonderes ist, deshalb solltet ihr euch eine gute Geschichte ausdenken.

Ihr habt einen Stand auf einem Berliner Flohmarkt, der von besonders vielen Touristen besucht wird. Die suchen immer ein besonderes Andenken an Berlin. Denkt euch eine gute Geschichte aus, warum sie unbedingt diesen Gegenstand kaufen (und ziemlich teuer bezahlen) müssen.

Ihr braucht dringend Geld. Zum Glück kennt ihr ein paar Mitglieder eines George-Clooney-Fanclubs. Ihr versucht, ihnen das hier zu verkaufen – mithilfe einer guten Geschichte.

Wir sind im Jahr 5555, im Museum für Archäologie. Hier gibt es Ausgrabungen aus dem 3. Jahrtausend zu bewundern. Ihr habt im Museum einen Aushilfsjob und kennt euch nicht so gut mit den ausgestellten Gegenständen aus – Hauptsache, ihr erzählt den Besuchern eine gute Geschichte.

Ihr sollt auf eure Enkelkinder aufpassen. Den beiden ist langweilig. Erzählt ihnen doch eine spannende Geschichte über dieses Ding hier.

Spielkartenpacks für die Gruppenbildung

- 6 TN: König und Ass (jeweils in den Farben Karo, Herz und Pik)
- 7 TN: König und Ass (jeweils in den Farben Karo, Herz und Pik), Kreuz König
- 8 TN: König und Ass (jeweils in den Farben Karo, Herz, Pik und Kreuz)
- 9 TN: Dame, König, Ass (jeweils in den Farben Karo, Herz und Pik)
- 10 TN: Dame, König, Ass (jeweils in den Farben Karo, Herz und Pik), Kreuz König
- 11 TN: Dame, König, Ass (jeweils in den Farben Karo, Herz und Pik), Kreuz König, Kreuz Ass
- 12 TN: Bube, Dame, König, Ass (jeweils in den Farben Karo, Herz und Pik)
- 13 TN: Bube, Dame, König, Ass (jeweils in den Farben Karo, Herz und Pik), Kreuz König
- 14 TN: Bube, Dame, König, Ass (jeweils in den Farben Karo, Herz und Pik), Kreuz König, Kreuz Ass
- 15 TN: Zehn, Bube, Dame, König, Ass (jeweils in den Farben Karo, Herz und Pik)
- 16 TN: Zehn, Bube, Dame, König, Ass (jeweils in den Farben Karo, Herz und Pik), Kreuz König
- 17 TN: Zehn, Bube, Dame, König, Ass (jeweils in den Farben Karo, Herz und Pik), Kreuz König, Kreuz Ass
- 18 TN: Neun, Zehn, Bube, Dame, König, Ass (jeweils in den Farben Karo, Herz und Pik)
- 19 TN: Neun, Zehn, Bube, Dame, König, Ass (jeweils in den Farben Karo, Herz und Pik), Kreuz König
- 20 TN: Neun, Zehn, Bube, Dame, König, Ass (jeweils in den Farben Karo, Herz und Pik), Kreuz König, Kreuz Ass
- 21 TN: Acht, Neun, Zehn, Bube, Dame, König, Ass (jeweils in den Farben Karo, Herz und Pik)
- 22 TN: Acht, Neun, Zehn, Bube, Dame, König, Ass (jeweils in den Farben Karo, Herz und Pik), Kreuz König
- 23 TN: Acht, Neun, Zehn, Bube, Dame, König, Ass (jeweils in den Farben Karo, Herz und Pik), Kreuz König, Kreuz Ass

28 Mein Netzwerk

Niveau

ab A2

Material und Vorbereitung

- „Mein Netzwerk"-Seite pro TN einmal kopieren

Dauer

20–30 Minuten

Verlauf

1. Jede/r TN bekommt eine „Mein Netzwerk"-Seite.
2. TN überlegen kurz, für welche Ereignisse in der letzten Zeit sie ein Foto auf „Mein Netzwerk" hätten stellen können.
3. KL startet mit einem Beispiel: ein TN zeigt seine „Mein Netzwerk"-Seite vor der Gruppe. Der KL bittet den TN die Situation auf einem der (imaginären!) Fotos zu beschreiben. Der KL fragt so viel wie möglich nach: „Wer ist die Person links?" oder „Warum trägst du hier so einen großen Hut?" o.ä.
4. TN bilden Paare und sprechen über ihre „Mein Netzwerk"-Seiten.
5. Nach ca. drei bis fünf Minuten erfolgt ein Partnerwechsel und das Spiel beginnt von vorn.

Anmerkungen und Varianten

- Anstelle der „Mein Netzwerk"-Seite können die TN auch Fotorahmen einer Seite in einem imaginären Foto-album zeichnen. Der Spielablauf bleibt gleich.
- Bei entsprechender elektronischer Ausstattung des Unterrichtsraums und unter der Voraussetzung, dass die TN einem sozialen Online-Netzwerk wie Facebook angehören (einige Lernergruppen sind komplett Mitglied in einem Netzwerk) kann natürlich auch das Original herangezogen werden.

Weitere Szenarien

- Um Informationen bitten; Etwas erklären und Auskunft geben

www.mein_netzwerk.de

Um Informationen bitten

Beispielsituationen:

| im privaten Bereich | eine Frau fragt einen Freund, wie man Tiramisu macht |

| im Beruf | ein neuer Mitarbeiter fragt einen Kollegen nach einem bestimmten Arbeitsablauf |

| im öffentlichen Bereich | ein Mann fragt am Bahnhof nach einer Zugverbindung |

Dieses Szenario verlangt folgende sprachliche Handlungen:

- jemanden ansprechen
- etwas beschreiben
- unterbrechen, nachfragen
- Verständnis signalisieren
- sich bedanken

Typische sprachliche Mittel:

- Präpositionen
- Passiv
- Modalverben
- Imperativ
- Lokaladverbien
- Temporaladverbien

Weitere passende Spiele:

- 3 Rätselhafte Reklamationen; 6 Womit kriege ich dich?; 7 Verrücktes Restaurant; 8 Stummer Reisender; 10 Wo drückt der Schuh?; 21 Origami-Botschafter; 25 Lügenbericht; 28 Mein Netzwerk

© Ernst Klett Sprachen GmbH, Stuttgart 2016 | www.klett-sprachen.de | Alle Rechte vorbehalten
Kopieren für den eigenen Unterrichtsgebrauch gestattet.
ISBN 978-3-12-675184-1

Klett

Einstieg

- Entschuldigen Sie …
- Guten Tag.
- Entschuldigung, ich habe eine Frage:
- …

Um Informationen bitten

Um Informationen bitten

- Könnten Sie mir sagen …
- Wissen Sie zufällig …
- Ich würde gern wissen …
- Wo finde ich …?
- Wie geht das?
- Was muss ich tun, um … zu …
- …

Abschluss

- Vielen Dank.
- Danke für die Auskunft.
- …

Nachfragen / Bestätigen

- Habe ich richtig verstanden, dass …?
- Ich muss also …?
- Das habe ich nicht verstanden, könnten Sie das bitte noch einmal erklären?
- Ach so.
- Jetzt ist mir das klar.
- …

29 Kennenlern-Wimmeln

Niveau

ab A1, zu Beginn eines neuen Kurses

Material und Vorbereitung

• Stichwortkärtchen kopieren und ausschneiden, evtl. weitere Kärtchen ergänzen

Dauer

10–15 Minuten

Verlauf

1. Jede/r Teilnehmer bekommt ein Kärtchen, auf dem sich ein Stichwort befindet. Die Teilnehmer gehen im Klassenraum umher und suchen eine/n Partner/in. Dann stellen sie sich eine Frage, die mit dem Stichwort auf dem Kärtchen zu tun hat: Steht auf dem Kärtchen das Stichwort „Beruf", dann wird eine Frage zum Beruf gestellt, also möglicherweise: „Was sind Sie von Beruf?" oder „Wo arbeiten Sie?", aber auch: „Was gefällt Ihnen an Ihrem Beruf?" (je nach Vorkenntnissen der Lernergruppe)
2. Wer ein Kärtchen mit dem Wort „Joker" bekommen hat, darf fragen, was er/sie will.
3. Wenn beide Partner sich ihre Fragen beantwortet haben, tauschen sie die Kärtchen und das Spiel beginnt von Neuem.

Anmerkungen und Varianten

• Spielen Sie mit: So lernen Sie die neuen TN kennen und bekommen gleichzeitig einen Überblick über ihre Fähigkeiten im freien Sprechen.
• Es geht bei diesem Spiel nicht darum, Fehler sofort zu korrigieren. Lassen Sie die TN frei sprechen.

Weitere Szenarien

– Smalltalk und Alltagsgespräche; Etwas erklären und Auskunft geben

Stichwort-Kärtchen

Geburtsort?	Beruf?
Sprachen?	Deutsch lernen?
Hobbys?	Fußball?
Ich mag …	Lieblingsessen?
Ich mag nicht …	Lieblingssport?
Lieblingsort?	Ich lese gern …
Lieblingsperson?	Ich sehe gern …
Familie?	Joker
Joker	Joker

© Ernst Klett Sprachen GmbH, Stuttgart 2016 | www.klett-sprachen.de | Alle Rechte vorbehalten
Kopieren für den eigenen Unterrichtsgebrauch gestattet.
ISBN 978-3-12-675184-1

30 Telefonauskunft

Niveau

ab A1

Material und Vorbereitung

- Telefonbuch einer Stadt oder Region
- vorbereitete Kärtchen mit den Namen von Personen, Arztpraxen, Firmen etc. aus dem Telefonbuch
  (s. Beispiele)
  Stellen Sie die Namenskarten bitte unbedingt selbst her, passend zu dem verwendeten Telefonbuch. Dazu können Sie die leeren Karten kopieren und beschriften oder Sie erstellen eigene Kärtchen per Computer.
- Stellen Sie für jeweils sechs TN einen Tisch so in den Raum, dass auf beiden Seiten 3 TN Platz finden.
- Legen Sie den zweiten Tisch mit der Tischplatte seitlich auf den ersten, sodass sich die gegenüber sitzenden TN nicht sehen können.
- Unter dem querliegenden Tisch liegen drei Papierstreifen, die man von beiden Seiten der Barriere sehen kann.
- Auf einer Seite der Tischbarriere sitzen die Mitarbeiter/innen der Auskunft, auf der anderen Seite die Anrufer/innen.

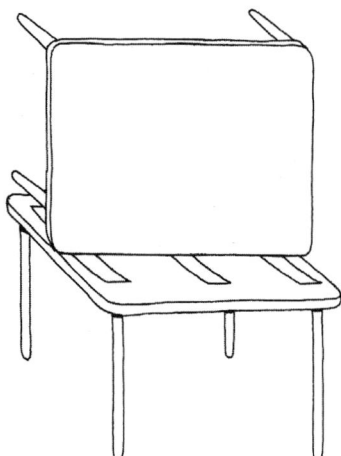

Dauer

ca. 15 Minuten

Verlauf

1. Jede/r Anrufer/in zieht ein Kärtchen, auf dem der Name steht, zu dem die Telefonnummer gesucht wird.
2. Das Bewegen eines Papierstreifens durch eine/n Anrufer/in signalisiert dem/der Auskunftsmitarbeiter/in, dass sein/ihr Telefon klingelt.
3. Der/die Anrufer/in fragt nach der Telefonnummer und notiert sie auf der Aufgabenkarte.

Anmerkung

- Dadurch, dass drei Telefonanrufe gleichzeitig stattfinden, wird es natürlich etwas lauter. Das ist erwünscht und entspricht der realen Situation bei einer Auskunft oder Hotline. Die Tischbarriere hilft die Situation „am Telefon" zu simulieren.

Beispielkärtchen

Wie ist die Telefonnummer von:	Wie ist die Telefonnummer von:	Wie ist die Telefonnummer von:
Fritz Lang	*Volkshochschule Stuttgart*	*Zahnarztpraxis Dr. Eva Storch*
Hauptstraße 14	*Sprachberatung*	*Bahnhofstraße 46*
65134 Kleinkleckersdorf		*Hintertupfingen*

Vorlage für Kärtchen

Wie ist die Telefonnummer von:	Wie ist die Telefonnummer von:
Wie ist die Telefonnummer von:	Wie ist die Telefonnummer von:
Wie ist die Telefonnummer von:	Wie ist die Telefonnummer von:
Wie ist die Telefonnummer von:	Wie ist die Telefonnummer von:
Wie ist die Telefonnummer von:	Wie ist die Telefonnummer von:

Konsensfindung

Beispielsituationen:

im privaten Bereich	ein Paar bespricht, wohin die Urlaubsreise gehen soll
im Beruf	ein Team bespricht das Vorgehen bei einem schwierigen Projekt
im öffentlichen Bereich	im Rahmen einer Podiumsdiskussion wird nach einer Lösung eines Problems gesucht

Dieses Szenario verlangt folgende sprachliche Handlungen:

- jemanden ansprechen
- auf den/die Gesprächspartner/in eingehen
- Beispiele geben
- Gefallen oder Misstrauen ausdrücken
- Zustimmung / Ablehnung erfragen
- Verständnis signalisieren
- das Thema wechseln
- zum Thema zurückführen
- Aussagen präzisieren
- höflich unterbrechen
- etwas vorschlagen
- etwas begründen

Typische sprachliche Mittel:

- Präpositionen
- Konjunktive
- Modalverben
- Nebensätze
- Fragesätze

Weitere passende Spiele:

- 1 Wer tut mir den Gefallen?; 3 Rätselhafte Reklamationen; 4 Inseln der Ärgernisse; 6 Womit kriege ich dich?; 20 Geschichtenpuzzle; 24 Diavortrag; 34 Themenstationen; 35 Moralisch oder unmoralisch?

Einstieg / Problem ansprechen

- Lassen Sie uns über … sprechen / diskutieren.
- Wir haben folgendes Problem: …
- Hat jemand eine Idee, was / wie …
- …

Verhandeln

- Also ich meine / denke / finde …
- Ich bin der Auffassung, dass …
- Dem stimme ich zu.
- Also, ich glaube, das geht gar nicht.
- Im Prinzip haben Sie Recht, aber …
- Wie wäre es mit folgendem Vorschlag: …
- …

Konsensfindung

Einigung

- Können wir uns darauf einigen, dass …?
- Wäre es für dich okay, wenn …
- Können wir das so als Ergebnis festhalten?
- Was halten Sie davon, wenn …
- …

Abschluss

- Kann ich davon ausgehen, dass alle damit einverstanden sind?
- Lassen Sie uns diese Idee ausprobieren. Wir werden sehen, ob es klappt.
- Ich glaube, mit diesem Ergebnis können wir alle leben.
- Vielen Dank für das Gespräch.
- …

31 Flohmarkt

Niveau

ab A2

Material und Vorbereitung

- Papierstreifen in 2 verschieden Farben (pro TN 2 Papierstreifen)

Dauer

15–20 Minuten

Verlauf

1. Jeder/r TN bekommt 2 Papierstreifen, z. B. einen gelben und einen blauen. Auf den gelben Streifen schreibt jeder einen Gegenstand, der man auf einem Flohmarkt finden könnte, z. B. „antiker Lampenschirm", „kaputte Fahrradklingel", „Pudelmütze" usw.
   Auf den blauen kommt die Bezeichnung für eine Person, für die man ein Weihnachtsgeschenk besorgen möchte, z. B. „mein Neffe, 8 Jahre alt", „meine junge Nachbarin", „mein Großonkel" usw.
2. Alle Streifen werden gemischt und in zwei Stapeln in die Mitte gelegt.
3. Die Hälfte der TN zieht je zwei gelbe, die andere Hälfte je zwei blaue Streifen.
4. Erklären Sie die Situation: Die TN mit den gelben Streifen haben jeweils einen Flohmarktstand – sie können sich entsprechend im Raum verteilen. Es ist kurz vor Weihnachten, das Geschäft läuft gut, und sie haben nur noch die zwei Artikel auf den Zetteln übrig, die sie natürlich möglichst gut verkaufen wollen. Die anderen TN suchen noch schnell zwei möglichst günstige Weihnachtsgeschenke für die Personen auf ihren blauen Zetteln.

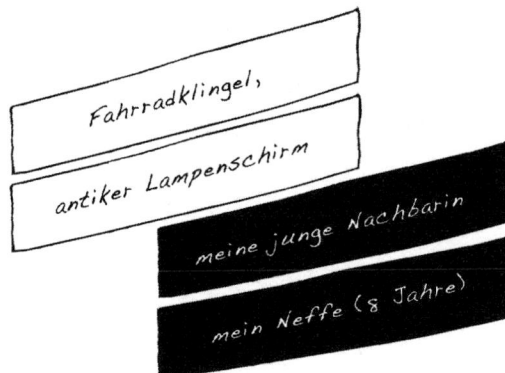

Anmerkungen und Varianten

- Im Anschluss an das Spiel können die TN über Käufe und Verkäufe berichten.
- Ein Variante ist der „Tauschbasar": Auf die Zettel werden nur Gegenstände geschrieben. Die TN versuchen, durch Tauschen etwas zu bekommen, was sie wirklich gebrauchen können.

Weitere Szenarien

- Jemanden überreden; Dienstleistungsgespräche

32 Immobilienmakler

Niveau

ab B1

Material und Vorbereitung

- Arbeitsanweisungen kopieren

Dauer

25–30 Minuten

Verlauf

1. Bilden Sie eine gerade Anzahl von Paaren, wenn das nicht möglich ist, dürfen auch Dreiergruppen dabei sein.
2. Ernennen Sie die Hälfte der Paare zu Makler/innen, die andere Hälfte zu Häusersuchenden (wenn Dreiergruppen dabei sind, sollten sie zu den Häusersuchenden gehören).
3. Geben Sie jedem Paar eine entsprechende Arbeitsanweisung.
4. Nach der Vorbereitungszeit verteilen sich die Makler/innen mit ihren Büros (Stuhlgruppen) im Raum.
5. Die Paare, die auf der Suche nach einem passenden Haus sind, besuchen möglichst alle Maklerbüros und versuchen, ein passendes Angebot zu finden und einen Handel anzuschließen.

Anmerkungen und Varianten

- Wenn Sie möchten, können Sie im Anschluss über erfolgreiche Abschlüsse berichten lassen.
- Variante Häusertausch: Wenn sich in kleinen Lerngruppen nicht genug Paare bilden lassen, kann man auch alle zu Häusersuchenden ernennen: Sie haben bereits ein Haus, müssen aber in eine andere Stadt ziehen oder es gibt andere Veränderungen in den Lebensumständen (z. B. Größe der Familie). Durch Tauschen versucht man, etwas Passenderes zu bekommen.
- Während der Verhandlungen sollten Sie sich nicht einmischen. Notieren Sie die verwendeten Redemittel (s. „Redemittel-Monitor", S. 135) oder gravierende Fehler für spätere Verbesserungsvorschläge.

Arbeitsanweisungen

Ihr habt ein Maklerbüro.	**Ihr sucht ein Haus.**
Zurzeit habt ihr nur ein Haus im Angebot.	Was für ein Haus braucht ihr?
Wie groß ist es?	Wie groß ist eure Familie?
Was soll es kosten?	Möchtet ihr in die Stadt oder aufs Land?
In welchen Zustand ist es?	Was könnt ihr bezahlen?
(Renovierungsbedürftig? Frisch modernisiert? Neubau?)	Habt ihr besondere Hobbys oder Haustiere?
Wie sind die Verkehrsverbindungen?	
Was gibt es in der Nähe?	
(Schule? Geschäfte?)?	
Das sind nur Beispiele. Denkt euch alle Details aus, die ihr möchtet.	Das sind nur Beispiele. Überlegt euch genau, was ihr euch wünscht.
Ihr habt dafür 10 Minuten Zeit.	Ihr habt dafür 10 Minuten Zeit.

33 Die Talkshow

Niveau

ab B1

Material und Vorbereitung

- Arbeitsblatt kopieren (eine Kopie pro Kleingruppe)

Dauer

30–40 Minuten

Verlauf

1. Bilden Sie Kleingruppen (3-4 TN) und geben Sie jeder Gruppe eine Kopie des Arbeitsblatts. Geben Sie den Gruppen fünf Minuten Zeit, den Text zu lesen. Klären Sie im Anschluss etwaige Fragen.
2. Die Gruppen haben jetzt ca. 15 Minuten Zeit, sich zu einigen und ihre Ergebnisse festzuhalten.
3. Alle kommen wieder im Plenum zusammen. Die Gruppen präsentieren und begründen die Auswahl, die sie getroffen haben.
4. Optional: Alle TN versuchen, sich auf eine gemeinsame Lösung zu einigen.

Anmerkung

- Während der Gruppenarbeitsphase können Sie die verwendeten Redemittel dokumentieren (s. „Redemittel-Monitor", S. 135) und/oder wichtige Fehler notieren.

Weitere Szenarien

- Diskussion; Jemanden überreden

Sechs um sieben

Ihr habt eine Produktionsfirma und sollt ein Konzept für eine neue Fernseh-Talkshow entwickeln. Die Show heißt „Sechs um sieben": Sie wird um 19.00 Uhr ausgestrahlt und es gibt sechs Gäste. In drei Wochen wird die erste Folge aufgenommen.

Eure MitarbeiterInnen haben bereits eine Liste mit Leuten erstellt, die als Gäste in Frage kommen. Bei eurem heutigen Meeting müsst ihr entscheiden, wen ihr einladen wollt, und festlegen, in welcher Reihenfolge die Gäste auftreten sollen.

Ihr müsst Folgendes beachten:

- Euer Konzept sieht so aus: Gast Nr. 1 tritt auf und unterhält sich ein paar Minuten mit der Moderatorin. Dann kommt Gast Nr. 2 dazu, die Moderatorin stellt Nr. 1 und Nr. 2 einander vor, und die beiden unterhalten sich wieder ein paar Minuten. Gast Nr. 3 kommt dazu und wird von der Moderatorin erst einmal mit Nr. 2 ins Gespräch gebracht. Nr. 4 unterhält sich zuerst mit Nr. 3 usw.
- Sechs Personen müssen ausgewählt werden.
- Es sollen Männer und Frauen eingeladen werden.
- Für Gagen könnt ihr insgesamt maximal € 10.000 ausgeben.

- Folgende Gäste kommen in Frage:

  Wolfgang Vogelweide, Schriftsteller: Spricht grundsätzlich mit sehr leiser Stimme. Er liebt die englische Sprache und spricht sie auch sehr gern (wenn auch nicht gut). Nichts langweilt ihn so sehr wie Sportthemen. Fängt an zu stottern, wenn ihm Frauen zu nahe kommen. Verlangte Gage: € 4.000.

  Herlinde von Stutenkötter, Frau des deutschen Botschafters in Andorra. Gilt als neugierig, rechthaberisch und etwas vulgär. Kommt aus Meckenbeuren in der Nähe von Tettnang. Das verschweigt sie gern, da es ihr peinlich ist, aus einer solch kleinen Stadt zu stammen. Verlangte Gage: € 3.500.

  Marlene von Kreisch-Hall: War Kandidatin bei „Deutschland sucht den Superstar", ist aber nach der ersten Runde rausgeflogen. Bricht wegen Kleinigkeiten in Tränen aus. Bewundert starke und kluge Männer. Verlangte Gage: € 1.500.

  Heribert Mehl, Opernsänger: Er hat es nie auf wirklich große Bühnen geschafft und glaubt, daran wären Intrigen seiner Kollegen schuld. Schon seit seiner Schulzeit ist er in Herlinde von Stutenkötter verliebt (sie stammen beide aus Meckenbeuren). Verlangte Gage: € 700.

  Sascha Schmitz, Europameister im Baumstammwerfen: Hat sich gerade von seiner Freundin (Gewinnerin von „Deutschland sucht den Superstar") getrennt. Herr Schmitz hat panische Angst vor Hunden. Verlangte Gage: € 4.000.

  Gordon McFanuddlepherson, Vize-Europameister im Baumstammwerfen: Stammt aus Schottland und tritt gern im Kilt (traditioneller „Schottenrock")auf. Spricht ziemlich schlecht Deutsch. Verlangte Gage: € 2.000, ein Übersetzer würde € 3.000 extra kosten.

  Heiko Platt, junger Filmproduzent: Sucht Kontakt zu Film- und Fernsehleuten. Die Talkshow interessiert ihn überhaupt nicht, sondern nur der Kontakt zu euch. Verlangt keine Gage.

  Monsignore Bartholomäus Fromm, katholischer Priester: Er bietet Seminare für Manager im Kloster Benediktbeuren an. Außergewöhnlich gut aussehender und gebildeter Mann, Trainer des Leichtathletikverbandes des Vatikan. Er ist etwas schwerhörig. Verlangte Gage: € 3.000.

  Gernot Tüften, Sprecher der Bürgerinitiative „Keine Steuergelder für Sport!". Verlangt keine Gage.

  Hasso Rüdinger, prominenter Fernseh-Hundetrainer: Ohne seinen Dackel geht er nirgendwo hin. Verlangte Gage: € 2.500.

  Fabrice Volant-Godet, millionenschwerer Modedesigner: Sein Markenzeichen sind Röcke, Kittel und Gewänder für Männer. Sein Motto lautet „Freiheit vom Hosenterror!". Er hat immer seinen Pudel dabei; dieser reagiert sehr aggressiv auf andere Hunde. Verlangt keine Gage.

Diskussion

Beispielsituationen:

im privaten Bereich	ein Paar streitet darüber, wer was im Haushalt erledigen sollte
im Beruf	ein Team bespricht die Vor- und Nachteile einer neuen Idee
im öffentlichen Bereich	Parteienvertreter diskutieren vor einer Wahl mit Passanten an einem Informationsstand

Dieses Szenario verlangt folgende sprachliche Handlungen:

- jemanden ansprechen
- auf den/die Gesprächspartner/in eingehen
- Beispiele geben
- Verständnis signalisieren
- das Thema wechseln
- zum Thema zurückführen
- Aussagen präzisieren
- höflich unterbrechen
- etwas vorschlagen
- etwas begründen
- Gegensätze ausdrücken
- Zustimmung / Ablehnung signalisieren

Typische sprachliche Mittel:

- Präpositionen
- Konjunktive
- Modalverben
- Nebensätze

Weitere passende Spiele:

- 20 Geschichtenpuzzle; 33 Die Talkshow

Einstieg

- Was halten Sie von der Idee, dass …
- Was hältst du von …
- …

Diskussion

Austausch von Meinungen

- Also ich meine / denke / finde …
- Meiner Meinung nach ist …
- Da bin ich ganz deiner Meinung.
- Also damit bin ich jetzt nicht einverstanden.
- Im Prinzip haben Sie Recht, aber …
- …

Nachfragen / Bestätigen

- Habe ich Sie richtig verstanden, dass …?
- Ach so.
- Jetzt ist mir das klar.
- …

Zusammenfassung / Abschluss

- Vielen Dank für das Gespräch.
- Ich fasse also zusammen, dass …
- Na gut, dann …
- …

34 Themenstationen

Niveau

ab A2

Material und Vorbereitung

- unbeschriftete Papierbögen (A4 oder besser A3)
- dicke Stifte
- Themenblätter (s. u.)

Dauer

15–20 Minuten

Verlauf

1. Fragen Sie die TN, ob es ein Thema gibt, das ihnen am Herzen liegt und das sie gern diskutieren möchten. Diejenigen, die dies bejahen, bekommen je ein Blatt Papier und einen dicken Stift und schreiben das Thema stichwortartig auf, z. B. „Stierkampf" oder „Sollte Tabak eine illegale Droge sein?" Für den Fall, dass sich niemand oder zu wenige melden, halten Sie einige vorbereitete Themenblätter bereit.
2. Drei bis sechs Papierbögen – je nach Gruppengröße – werden im Raum ausgelegt. Falls mehr Blätter vorhanden sind, behalten Sie diese als Reserve zurück.
3. Die TN schauen sich alle ausgelegten Themen an und stellen sich jeweils zu dem Thema, das ihn/sie am meisten interessiert.
4. Die TN diskutieren das Thema an ihrer Station, so lange sie möchten. Wer das Interesse verliert oder an seiner Themenstation allein ist, kann zu einem anderen Thema weiterwandern.
5. Bei Bedarf können Sie weitere Themen auslegen.

Anmerkungen und Varianten

- Mischen Sie sich möglichst nicht ein, halten Sie aber die Ohren offen und notieren Sie evtl. die verwendeten Redemittel (s. „Redemittel-Monitor", S. 135) und wichtige Fehler.
- Wenn Sie beobachten, dass es bei einem bestimmten Thema besonders hoch her geht, können Sie dieses Thema auch später im Plenum diskutieren lassen. Bei fortgeschrittenen Lernern können Sie das Thema auch in eine förmlichere Debatte mit vorbereiteten Argumenten überführen.
- Falls das Spiel eher zäh anläuft, können Sie die TN auffordern, auf ein Klingelzeichen hin zu einem anderen Thema zu wechseln. Geben Sie dann jeweils nur 2–3 Minuten Diskussionszeit.

Weitere Szenarien

- Konsensfindung

35 Moralisch oder unmoralisch?

Niveau

ab B1

Material und Vorbereitung

- Illustrationen vergrößern und ausschneiden (s. u.)

Dauer

30–45 Minuten

Verlauf

1. Erzählen Sie den TN die Geschichte, verwenden Sie dabei Ihre eigenen Formulierungen (s. Anmerkungen).
2. Hängen Sie dabei nach und nach die Bilder auf (in der abgebildeten Anordnung) oder zeichnen Sie ähnliche Bilder an Tafel oder Flipchart.
3. Bilden Sie Gruppen zu je 4–5 TN.
4. Fragen Sie, wer von den sechs Personen in der Geschichte am unmoralischsten, wer noch am vergleichsweise moralischsten handelt? Geben Sie den Gruppen ca. 15 Minuten Zeit, zu einer gemeinsam „Rangordnung" von 1 bis 6 zu gelangen.
5. Bilden sie neue Gruppen – in jeder neuen Gruppe sollten die Gruppen der vorhergehenden Runde durch ein oder zwei Mitglieder vertreten sein. Die TN informieren einander über die Diskussion, die sie geführt haben, und deren Ergebnis.

Anmerkungen

- Erzählen Sie die Geschichte anstatt sie vorzulesen. Das ist lebendiger und erzeugt bei den Zuhörenden stärkere Emotionen. Sie können dabei außerdem die Formulierungen an den Sprachstand Ihrer TN anpassen.
- Die Idee, eine Geschichte während des Erzählens durch Zeichnungen zu illustrieren und anschließend kontrovers zu diskutieren, stammt aus dem Buch von Jenny Simanowitz „100 außergewöhnliche Stimmungsmacher: Lebendige Methoden zur Entwicklung von Offenheit, Selbstvertrauen und Motivation in Seminar- und Gruppensituationen" (Ökotopia, 2008). Da sich viele Lehrende mit dem freien Zeichnen schwer tun, bieten wir hier die Möglichkeit an, Bilder als Aushänge vorzubereiten.
- In die Diskussion mischen Sie sich möglichst nicht ein, halten Sie aber die Ohren offen und notieren Sie evtl. die verwendeten Redemittel (s. „Redemittel-Monitor", S.135) und wichtige Fehler.
- Zeitpuffer: Falls in Schritt 4 eine Gruppe schon fertig ist, während die anderen noch Zeit brauchen, kann sie über folgende Fragen sprechen: Wer ist mir am sympathischsten, wer am unsympathischsten? Unterscheidet sich diese Rangfolge von unserer moralischen Beurteilung?

Weitere Szenarien

- Konsensfindung; Erzählen und berichten

Geschichte

Verwenden Sie beim Erzählen Ihre eigenen Formulierungen:

Das ist die Bonner Familie Hübner. Gunda Hübner, Wilfried Hübner und ihr sechzehnjähriger Sohn Stefan.

Eines Tages wird Gunda wegen der schlechten Leistungen und der Disziplinprobleme ihres Sohnes in die Schule bestellt.

Dort wird sie von Stefans Klassenlehrer, Matthias Landau, empfangen. Eigentlich freut sie sich über die Gelegenheit, Matthias wiederzusehen, denn sie hat ihn von früheren Begegnungen her als überaus sympathischen und auch sehr gut aussehenden Mann in Erinnerung. Sie weiß auch, dass er ein sehr guter und beliebter Lehrer ist.

Matthias seinerseits ist schon vor dem Treffen nervös, denn er hat sich bereits bei der ersten Begegnung in Gunda verliebt. Und diesmal wagt er es, Gunda nach dem Gespräch auf einen Kaffee einzuladen.

In den nächsten Wochen treffen sie sich noch mehrmals, und schließlich beginnen die beiden ein Verhältnis miteinander.

Nach etwa einem halben Jahr bittet Matthias Gunda, ein Wochenende am Chiemsee mit ihm zu verbringen.

Gunda hat eine Freundin in Hamburg, Anneliese. Gunda ruft Anneliese an und erzählt ihr von ihrer neuen Liebe. Gleichzeitig bittet sie ihre Freundin, als „Alibi" zur Verfügung zu stehen: Sie will Wilfried sagen, dass sie für ein Wochenende zu Anneliese nach Hamburg fahre. Anneliese willigt ohne Weiteres ein. Sie kann Wilfried sowieso nicht leiden.

Am Freitagabend vor dem vereinbarten Wochenende macht sich Gunda in ihrem Auto auf in Richtung Süden. Matthias ist bereits in Bayern, da er dort während der Woche an einer Fortbildung teilgenommen hat. Es regnet in Strömen, Gunda kann kaum etwas sehen, sie ist ohnehin eine unsichere Autofahrerin. Auf einer Landstraße kommt sie an einem Lokal vorbei, vor dem ein paar Betrunkene mitten im Regen stehen und gerade als sie auf der Höhe der Gruppe ist, torkelt einer der Männer auf die Straße, ihr direkt vors Auto.

Gunda spürt den Aufprall und tritt auf die Bremse, doch dann schießt ihr durch den Kopf, dass sie ja angeblich in Hamburg ist und nicht in Süddeutschland. Sie gibt Gas und fährt weg.

Im Hotel angekommen, heult sie sich zuerst bei Matthias aus; dann ruft sie Anneliese an, erzählt auch ihr alles und fleht sie an, bei der Geschichte von ihrem Besuch in Hamburg zu bleiben, nötigenfalls auch der Polizei gegenüber. Anneliese ist darüber alles andere als glücklich, aber schließlich willigt sie ein.

Jedoch plagt Anneliese ihr schlechtes Gewissen. Sie recherchiert im Internet und findet einen Presseartikel über den Unfall. Es ist von Fahrerflucht die Rede und davon, dass das Opfer in einem Krankenhaus in Rosenheim liege.

Anneliese beschließt, den Mann zu besuchen. Was sie ihm genau sagen will, weiß sie noch nicht. Sie fährt nach Rosenheim und findet den Verletzten tatsächlich im Krankenhaus vor. Er heißt Alois und er hat als Folge des Unfalls ein Bein verloren.

Von dem Moment an, als Anneliese sein Zimmer betritt, weiß sie: Alois ist der Mann ihres Lebens. Sie erzählt ihm alles. Außerdem beschließt sie, in Alois' Nähe zu bleiben und sucht sich in Rosenheim ein Zimmer.

Sie besucht ihn täglich. Alois merkt schnell, dass Anneliese in ihn verliebt ist. Er nutzt das aus, indem er Anneliese dazu bringt, ihm Gundas Namen und Adresse zu verraten, denn er hat vor, sich zu rächen.

In der Zwischenzeit bekommt Wilfried Hübner Besuch von Matthias Landau, der ebenfalls sein Gewissen erleichtern will. Nach und nach erfährt Wilfried von Matthias' Verhältnis mit Gunda, aber das ist noch nicht alles. Stefan, der Sohn der Hübners, hat schon vor Monaten in Gundas Tagebuch geschnüffelt und Matthias mit seinem Wissen über die Beziehung zu seiner Mutter erpresst. Er wollte bessere Noten, und Matthias hatte sich darauf eingelassen. Und nun kommt die Sache mit dem Unfall hinzu. Das ist zu viel für Matthias und er will reinen Tisch machen.

Wilfried hört sich alles ganz ruhig an. Als Matthias gegangen ist, ruft er den Direktor der Schule an. In der Folge kommt es zu einem Verfahren gegen Matthias und er wird aus dem Schuldienst entlassen.

Alois drangsaliert Gunda monatelang mit anonymen Anrufen, bevor er sie schließlich anzeigt. Sie wird wegen Fahrerflucht verurteilt und verliert ihren Job bei der Bonner Stadtverwaltung. Wilfried reicht die Scheidung ein.

Anneliese bekommt ebenfalls ernste Schwierigkeiten: Alois hat sie bei der Polizei als Mitwisserin angegeben.

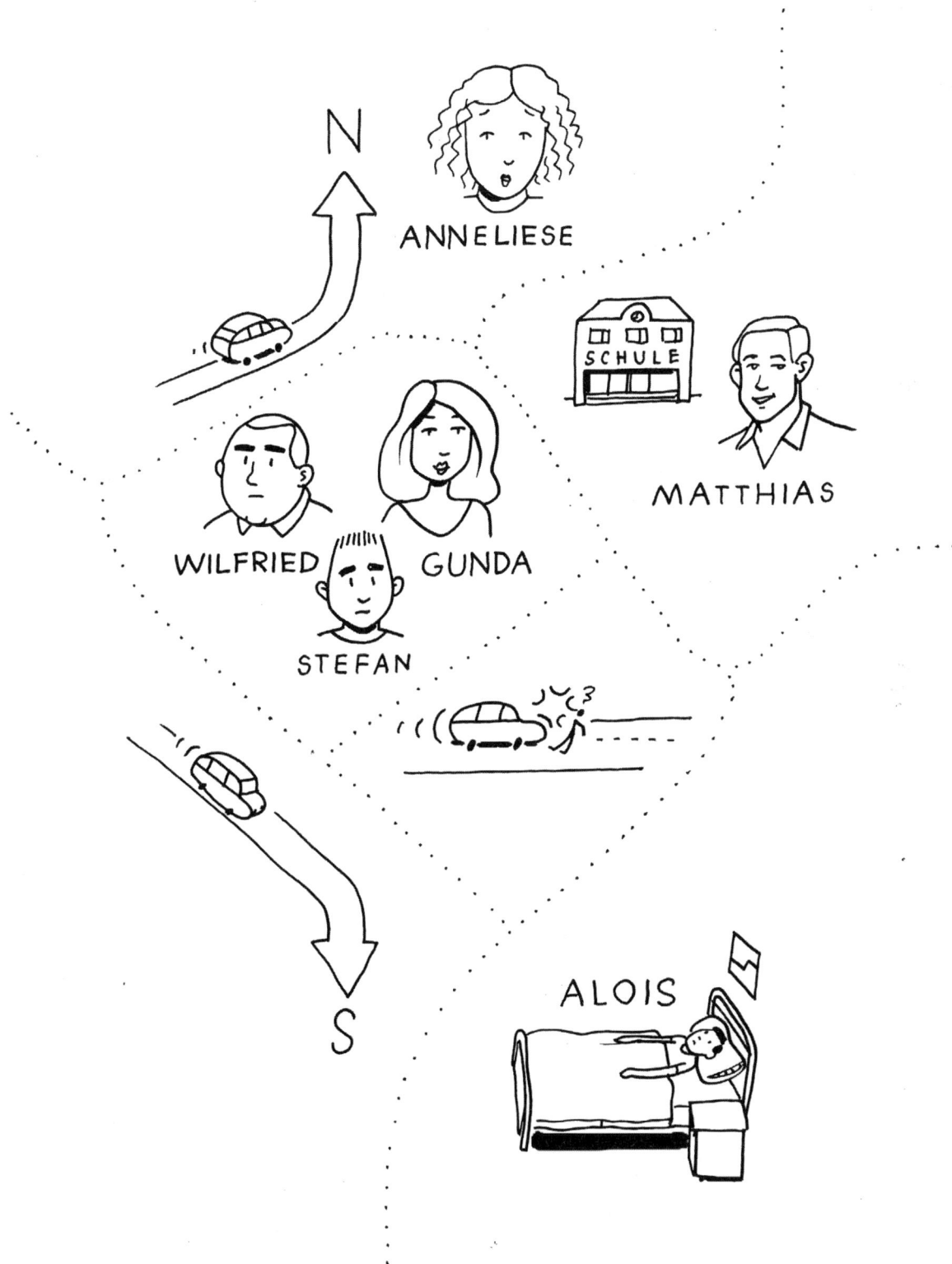

36 Diskussionen aus dem Sachensack

Niveau

ab B1

Material und Vorbereitung

- Sachensack (s. „Geschichten aus dem Sachensack", S. 82)

Dauer

10–15 Minuten

Verlauf

1. Zählen Sie die TN ab: „Eins-zwei-eins-zwei ..." Alle mit der Nummer 1 setzen sich auf die eine Seite des Raums, alle mit der Nummer 2 auf die andere.
2. Sagen den TN, dass sie mehrere kurze Diskussionen führen sollen, und zwar über Fragen, die Sie gleich ansagen werden. Seite 1 ist jeweils „dafür", Seite 2 „dagegen".
3. Sagen Sie die erste Frage an, über die die Diskussion entscheiden soll (Vorschläge s. nächste Seite).
4. Lassen Sie eine/n TN etwas aus dem Sachensack ziehen. Das ist der Gegenstand, der zur Diskussion steht.
5. Lassen Sie die Diskussion (Beispiel s. nächste Seite) ein paar Minuten laufen, je nach Energiepegel etwas kürzer oder länger. Bedanken Sie sich dann, sagen Sie das nächste Thema an und lassen Sie den nächsten Gegenstand ziehen.

Anmerkungen und Varianten

- Mischen Sie sich möglichst nicht ein, halten Sie aber die Ohren offen und notieren Sie evtl. die verwendeten Redemittel (s. „Redemittel-Monitor", S. 135) und wichtige Fehler.
- Wenn Sie keinen Sachensack haben, können Sie auch vor Beginn des Spiels die TN einige Gegenstände auf Zettel schreiben lassen, die in einen Hut oder einen Beutel kommen. Lebendiger wird es in der Regel aber mit echten Gegenständen, die die Gruppe ständig vor Augen hat oder auch herumreichen kann.
- Anstelle der Dafür-Dagegen-Struktur können Sie auch die beiden Teams fiktive Vereine gründen oder die Zugehörigkeit zu einer bestimmten Berufsgruppe wählen lassen (z. B. Skatclub – Taubenzuchtverein; Landwirte – Zahnärzte). Die Diskussion dreht sich dann jeweils darum, welche Gruppe den Gegenstand bekommen soll.

Fragen, die diskutiert werden können

- Soll dieser Gegenstand an Schulen verboten werden?
- Soll ein Gesetz erlassen werden, dass jeder Bürger und jede Bürgerin immer einen solchen Gegenstand bei sich tragen muss?
- Soll dieser Gegenstand einem ausländischen Politiker als Gastgeschenk überreicht werden?
- Soll der Export dieses Gegenstandes untersagt werden?
- Ist dieser Gegenstand das ideale Muttertagsgeschenk?
- Gehört dieser Gegenstand in ein Museum für moderne Kunst?
- Wenn man diesen Gegenstand im Haus hat – sollte man versuchen, ihn loszuwerden?
- Ist dieser Gegenstand für das tägliche Leben wichtiger als Butter?
- …

Diskussionsbeispiel

Diskutiert wird die Frage:

„Soll dieser Gegenstand einer südafrikanischen Politikerin als Gastgeschenk überreicht werden?"

→ Gegenstand: gestrickter Handschuh

Bente (Gruppe 1): Ich bin auf jeden Fall dafür. Der Handschuh ist ein Symbol für die Hand, die die Völker sich reichen sollen.

Pontus (Gruppe 2): Ja, aber habt ihr auch bedacht, dass es in vielen Ländern eine Beleidigung ist, wenn man jemandem einen Handschuh hinwirft?

Sima (Gruppe 1): Eine Beleidigung? Wie meinst du das?

Vitali (Gruppe 2): Ja, ja, doch, Pontus hat Recht. Das heißt Fehdehandschuh oder so ähnlich. Man wirft einen Handschuh hin und dann muss der andere mit einem kämpfen.

Enrique (Gruppe 1): Aber dieser Handschuh ist pink! Er sieht freundlich und lustig aus. Man kann dem Gast sagen, dass er eine Erinnerung an ein Land sein soll, wo es meistens kalt ist. Und ich bin ziemlich sicher, dass in Afrika keine Fehdehandschuhe geworfen werden. Außerdem geht es doch um eine Frau.

Cathy (Gruppe 2): Ja und?

usw.

37 In welchen Korb gehört das?

Niveau

A2 – C1

Material und Vorbereitung

- pro Kleingruppe einen Satz Bildkarten kopieren und ausschneiden

Dauer

ca. 15 Minuten

Verlauf

1. Kleingruppen von ca. 4 Personen bilden. Die Gruppen sitzen jeweils an einem Tisch, in der Tischmitte liegen die Bildkärtchen.
2. Die Gruppen haben die Aufgabe, die Nahrungsmittelkärtchen zu sortieren und Kategorien zuzuordnen. Dazu können sie sich z. B. eine der unten stehenden Kategorien aussuchen.
3. In den Gruppen muss jeder Vorschlag begründet werden.
4. Am Ende stellen die Gruppen ihre Kategorien vor und begründen, warum sie zu ihrer Lösung gekommen sind.

Anmerkungen und Varianten

- Es gibt bei dieser Aufgabe kein richtig oder falsch. Wichtig ist, dass die Gruppenmitglieder ihre Vorschläge begründen.
- Wenn Sie selbst noch weitere Bildkärtchen zu anderen Wortschatzthemen herstellen möchten: Werbeprospekte sind eine kostengünstige Möglichkeit dazu. Die Kärtchen können auch im Unterricht von den Lernenden hergestellt werden.
- Kategorien, die Sie vorgeben können:
  - teuer – billig
  - gesund – ungesund
  - Herkunftsland

  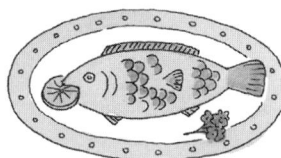 

   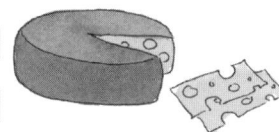

   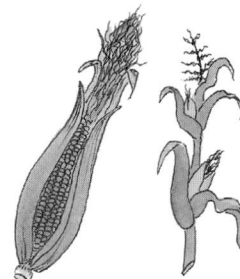

38 Stammtischdiktat

Niveau

B1 – C1

Material und Vorbereitung

–

Dauer

ca. 30 Minuten

Verlauf

- TN sitzen in Kleingruppen von ca. 4 Personen. Alle halten Papier und Stift bereit.
- TN falten ein Blatt Papier von oben nach unten in der Mitte. Dadurch entstehen zwei Spalten. Über die linke Spalte schreiben die TN: „Einverstanden", über die rechte: „Nicht einverstanden".
- KL diktiert entweder die Bespiel-Statements oder eigene Statements. Dabei sollten Aussagen gewählt werden, zu denen man unterschiedliche Meinungen haben kann. Vorsicht bei Tabuthemen.
- TN schreiben die diktierten Sätze in die entsprechende Spalte.
- Nach dem Diktat vergleichen die TN ihre Tabellen und diskutieren die Themen, bei denen sie unterschiedlicher Meinung sind.

Beispiel-Statements

- Schöne Menschen haben es im Leben leichter.
- Kaffeetrinken ist gut fürs Herz.
- Väter können sich genauso gut um kleine Kinder kümmern wie Mütter.
- Vegetarisch essen ist gesünder als Fleisch essen.
- Reiche Leute sind egoistisch.
- Wirtschaftliche Sanktionen sind kein gutes Druckmittel.
- Kinder sollten so früh wie möglich in den Kindergarten gehen.
- Wer Sport treibt, bleibt länger gesund.
- Frauen sind fleißiger als Männer.
- Männer haben Probleme damit, mehrere Dinge gleichzeitig zu tun.
- Scharfes Essen ist ungesund.
- Schokolade hilft gegen Stress.
- Katzen sind intelligenter als Hunde.
- Wir sind nicht allein im Universum.
- …

39 Moderierte Dialoge

Niveau

ab A1

Ziel

Üben und Wiederholen gemischter Szenarien

Material und Vorbereitung

–

Dauer

15–20 Minuten

Verlauf

1. Die Gruppe sitzt im Kreis. Geben Sie zwei TN Rollen und umreißen Sie die Situation, in der sie sich befinden. Bitten Sie sie dann, einen kurzen Dialog zu improvisieren (Beispiel s. nächste Seite).
2. Setzen Sie die Geschichte fort, indem Sie einerseits die Ideen der beiden TN aufgreifen, andererseits so viel steuern, wie es die Lernziele erfordern, die Sie mit der Übung verfolgen.
3. Verteilen Sie schnell neue Rollen und halten Sie die Dialoge eher kurz. Die Geschichte muss sich nicht unbedingt um problematische Situationen drehen, es kann auch um Smalltalk und alltägliche Begegnungen und Gespräche gehen, es darf dabei aber nicht langweilig werden.

Anmerkungen und Varianten

- Eine ideale Übungsform für kleinere Lerngruppen – wenn die Gruppe zu groß ist, sind zu viele TN über zu lange Zeit unbeschäftigt.
- Inspiriert ist diese Übungsform vom Pen-and-Paper-Rollenspiel. Wie der Spielleitung dort, wird auch Ihnen hier einige Flexibilität und Kreativität abverlangt.
  Tipp: Üben Sie die Technik mit Freunden oder Familie, bevor Sie damit einen Unterrichtsversuch machen.
- Manchmal müssen nicht ständig neue Rollen erfunden werden. Sie können auch jemanden auffordern, eine Rolle von einem anderen TN zu übernehmen. Oder ein längerer Dialog kann von zwei TN fortgesetzt werden.
- Anders als bei der Szenenkette (S. 114) spricht hier nichts gegen Unterbrechungen durch Verbesserungsvorschläge, Wiederaufnahmetechniken oder Lenkung der Situation („Begrüßt ihr euch nicht zuerst? Fangt noch mal an." – „Was er dir gerade erzählt, hast du gestern schon von einer Kollegin gehört."). Es sollten jedoch nicht zu viele Unterbrechungen werden

Beispieldialog

KL: Britt, du kommst in ein Kaufhaus. Du hast letzte Woche ein Paar Schuhe hier gekauft und jetzt sind sie schon kaputt. Paolo, du bist der Verkäufer.

Paolo: Kann ich Ihnen helfen?

Britt: Ja! Ich habe letzte Woche diese Schuhe gekauft, und jetzt – sehen Sie mal!

Paolo: Äh ja, da kann ich Ihnen nicht helfen, da müssen Sie in die Schuhabteilung.

KL: So – er schickt dich weiter. Du kommst also in die Schuhabteilung – und da ist eine Verkäuferin.
(zeigt auf Valentina)

Valentina: Ja bitte?

Britt: Ich möchte diese Schuhe reklamieren.

Valentina: Oh, ich sehe schon, die Sohle ist ab … Kommen Sie doch bitte mit zur Kasse, da bekommen Sie ihr Geld zurück.

Britt: Vielen Dank, das ist sehr freundlich!

KL: Tja, aber die Schuhe gefallen dir so gut, Britt, du willst sie eigentlich behalten.

Britt: Oder, ähm … Könnten Sie die Schuhe auch reparieren?

Valentina: Hm, da muss ich mal fragen …

KL: Okay, die Verkäuferin fragt also die Abteilungsleiterin. Padma, jetzt bist du die Verkäuferin, und Svetlana, du die Abteilungsleiterin.

Padma: Frau Leibowitz, eine Kundin hat diese Schuhe gebracht … Können wir sie reparieren?

Svetlana: Na ja, wenn's sein muss, aber das dauert vier Wochen.

KL: Britt, die Verkäuferin sagt dir, du sollst die Schuhe in vier Wochen abholen. Die vier Wochen sind um, aber du bist erkältet. Was jetzt?

Britt: Ich frage meinen Freund, ob der die Schuhe holt.

KL: Gut – das bist du, Mehtin.

Mehtin: Was macht dein Husten, Schatz?

Britt: Geht so, aber ich habe solche Halsschmerzen. Du, Georg …

usw.

40 Rollentausch!

Niveau

ab A1

Material und Vorbereitung

–

Dauer

10–15 Minuten

Verlauf

1. Zwei TN beginnen einen Dialog zu dem Szenario, das geübt werden soll (Beispiel s. nächste Seite).
2. Sobald Sie ein Signal geben (z. B. „Rollentausch!" rufen), tauschen die beiden ihre Rollen, setzen den begonnenen Dialog aber weiter fort.

Anmerkungen und Varianten

- Hier wird besonders auch das Zuhören trainiert – damit der Dialog sinnvoll weitergehen kann, muss den Sprechenden gegenwärtig sein, was ihre augenblickliche „Figur" bereits gesagt hat.
- Die Aktivität muss nicht vor Publikum stattfinden. Wenn Sie möchten, dass alle TN ein bestimmtes Szenario üben oder wiederholen, umreißen Sie die Situation, die improvisiert werden soll und lassen Sie alle Paare gleichzeitig arbeiten. Sorgen Sie für ein gut hörbares Signal, bei dem dann alle Partner/innen ihre Rollen tauschen.
- Auf den Anfängerstufen können sich die TN auch an Lehrwerksdialoge anlehnen oder Skelett-Dialoge (S. 126) verwenden.
- Die Übung stammt aus dem Improvisationstheater, das auch eine schwierigere Variante bereit hält: Die Situation hat mehr als 2 Rollen und bei jedem Signal erfolgt ein Ringtausch: B übernimmt die Rolle von A, C die von B, D die von C und A die von D.

Beispieldialog

KL: Ihr seid auf der Post – einer von euch möchte ein Paket verschicken. Und los.

TN A: Guten Tag, dieses Paket soll nach Schweden. Was kostet das?

TN B: Bitte stellen Sie das Paket auf die Waage … Drei Kilogramm, aha … Soll das Paket versichert werden?

TN A: Versichert?

KL: Rollentausch!

TN B: Was bedeutet ‚versichert'?

TN A: Wenn ihr Paket verloren geht, bekommen Sie den Wert erstattet.

TN B: Und kostet das mehr?

KL: Rollentausch!

TN B: Ja, das ist teurer. Moment, ich sehe nach …

usw.

41 Szenenkette

Niveau

ab A2

Ziel

- Wiederholung gemischter Szenarien
- Training des unvorbereiteten freien Sprechens in unterschiedlichen Alltagssituationen

Material und Vorbereitung

–

Dauer

10–20 Minuten

Verlauf

1. Die Gruppe sitzt im Kreis. In der Mitte stehen zwei Stühle, die je nach Situation als Requisiten verwendet werden können, aber nicht müssen.
2. Beginnen Sie, indem Sie eine/n Freiwilligen (TN A) zu sich in die Mitte bitten und beginnen Sie ein Gespräch, das Rückschlüsse auf die Situation zulässt, z. B.: „Sie interessieren sich für unsere Reiseangebote? Bitte, nehmen Sie Platz. Was kann ich für Sie tun?"
3. Sobald TN A verstanden hat, welche Situation gemeint ist, und entsprechend reagiert hat, unterbrechen Sie und erklären, dass so ein Rollenspiel natürlich harte Arbeit ist und Sie deshalb schnell abgelöst werden wollen. Jemand anders soll in die Mitte gehen und eine neue Situation beginnen, z. B.: „Die Fahrkarten bitte …". Wenn alle dies verstanden haben, spielen Sie und TN A ihren Reisebüro-Dialog weiter.
4. Sobald TN B dazu kommt, setzen Sie sich in den Kreis. Jetzt reagiert TN A auf das Spielangebot von TN B.
5. Falls die anderen TN dies nicht von sich aus tun, fordern Sie mit Gesten dazu auf, auch diese neue Situation zu unterbrechen. Sobald dies geschieht, setzt sich TN A hin, TN B und C spielen weiter.

Anmerkungen und Varianten

- In Lerngruppen, die wenig Erfahrung mit Improvisation haben, ist es sinnvoll, vor dem Spiel Alltagssituationen zu sammeln.
- Achten Sie darauf, dass der jeweiligen Situation entsprechend gesessen oder gestanden wird. Wenn also jemand von dem Neuankömmling als Verkäufer/in angesprochen wird, sollte er/sie nicht sitzen bleiben. Wer als Taxifahrer die Szene betritt, sollte die Stühle als Fahrer- und Beifahrersitz platzieren. Es mag übertrieben klingen, aber diesen Punkt zu vernachlässigen, kann sich sehr nachteilig auf die Improvisationsfähigkeiten der Beteiligten auswirken.
- Während der Aktivität können Sie sich Notizen zu wichtigen Fehlern und fehlendem Wortschatz machen.
- Anschließend kann man noch einmal rekapitulieren: Welche Situationen gab es? Haben Wörter oder Ausdrücke gefehlt? Was möchten Sie/möchtet ihr gern noch wissen?
- Szenarien, für die sich Nacharbeitungsbedarf oder ein besonderes Interesse der Lernenden ergeben hat, können noch einmal aufgegriffen und geübt oder mit zusätzlichem Wortschatz angereichert werden.
- Die Übung ist dem Improvisationstheater entlehnt. Ein schönes, nonverbales Warm-up dazu ist die Standbilder-Kette: TN A nimmt eine Pose ein, TN B ergänzt das Bild mit einer passenden Haltung und „friert ein"; TN A geht ab, TN C kommt dazu und ergänzt die Pose von TN B usw. Diese Übung (aus der Theaterpädagogik Augusto Boals) macht die Lernenden auf spielerische Weise mit dem Prinzip der szenischen Kette vertraut.

Beispieldialog

KL und TN A nehmen den unterbrochenen Reisebürodialog wieder auf:

TN A: Tja, wir würden gern mal nach Kanada.

KL: Ah, wunderbar ... In welcher Jahreszeit möchten Sie reisen?

TN A: Wir sind da flexibel ... Was wäre denn die schönste Reisezeit für Kanada? Meine Frau meint ...

TN B *(kommt in den Kreis)*: Möchte hier noch jemand Eiskonfekt, bevor der Hauptfilm anfängt?

(KL verlässt den Kreis)

TN A: Ja, hier! Was für Sorten gibt's denn?

TN B: Nur zwei leider: Schoko und ...

TN C *(kommt in den Kreis und wendet sich an B)*: Entschuldigung! Haben Sie den Pulli hier auch noch
            eine Größe größer?

(TN A verlässt den Kreis)

TN B: Da muss ich mal nachschauen. Kommen Sie gerade mit mir?

usw.

42 Zwei für einen

Niveau

ab A1

Ziel

Wiederholung einzelner Szenarien

Material und Vorbereitung

–

Dauer

5–10 Minuten

Verlauf

1. Nennen Sie das Szenario, das sie wiederholen möchten, und fordern Sie die TN auf, die Redemittel in den Raum zu rufen, die ihnen zu dem Szenario noch einfallen.
2. Lassen Sie die TN eine konkrete Situation zu dem Szenario entwickeln (s. Beispiel auf der nächsten Seite).
3. Vier TN, die Lust dazu haben, spielen die Situation vor. Dabei gelten folgende Regeln:
   - Je zwei TN haken sich unter und verkörpern jetzt eine Person.
   - Wenn sie sprechen, tun sie das, Wort für Wort, immer abwechselnd (s. Beispieldialog).

Anmerkungen

- Ein gutes Spiel, um – z. B. zu Beginn einer Einheit – ein Szenario kurz zu wiederholen und dabei alle zum Lachen zu bringen. Es kombiniert verschiedene Elemente aus dem Improvisationstheater.
- Wichtig: Erlauben Sie den TN nicht, sich abzusprechen, was gesagt werden soll. Der Witz des Spiels – und die besondere Herausforderung im Fremdsprachenunterricht – besteht darin, zu hören, was der Partner oder die Partnerin sagt und dieses sinnvoll zu ergänzen.
- Anfänger/innen finden dieses Spiel oft leichter als Fortgeschrittene, da ihr Inventar an Redemitteln begrenzt ist und die ganze Situation damit schablonenhafter und vorhersehbarer verläuft.

Beispieldialog

→ Wiederholt werden soll das Szenario „Jemanden einladen".

KL: Wer lädt wen ein?

TN: Die Enkelin ihren Opa.

KL: Und wozu?

TN: Zu ihrem 8. Geburtstag.

KL: Wo sind die beiden?

TN: Beim Opa zu Hause.

→ 4 TN erklären sich bereit, Opa und Enkelin darzustellen.

Enkelin 1 und Enkelin 2 *(sprechen abwechselnd)*: Du – Opa – ich – hab' – doch – am – Donnerstag – Geburtstag. – Kommst – du – zu – meiner – Party?

Opa 1 und Opa 2 *(sprechen abwechselnd)*: Natürlich – ich – komme – gern - mein – Schatz. – Was – wünschst – du – dir – denn?

Enkelin 1 und Enkelin 2: Einen – Hamster!

Opa 1 und Opa 2: Oh – einen – Hamster – Ich – weiß – nicht – Hast – du – deine – Mama – gefragt?

usw.

43 Dialog-Brettspiel

Niveau

ab A2

Ziel

Wiederholung aller Szenarien (außer „Handlungsbegleitende Gespräche")

Material und Vorbereitung

- Spielplan (evtl. vergrößern), Bildkarten und Spielregeln kopieren
- Bildkarten ausschneiden
- pro Gruppe (je 4–6 TN) benötigen Sie einen Spielplan, ein Exemplar der Spielregeln und einen Satz Bildkarten, außerdem Würfel und Spielfiguren

Dauer

15–30 Minuten

Verlauf

1. Lassen Sie die TN Paare bilden. Bei einer ungerade TN-Zahl gibt es eine Dreiergruppe.
2. Je 2–3 Paare tun sich zu einer Kleingruppe zusammen. Die Gruppe bekommt einen Spielplan, die Spielregeln, einen Satz Bildkarten und einen Würfel. Jedes Paar bekommt zusammen eine Spielfigur.
3. Die Regeln werden gemeinsam gelesen und das Spiel beginnt.

Anmerkungen

- Wenn Sie merken, dass es an Ideen mangelt, spielen Sie mit der gesamten Gruppe einige Beispiele durch (s.u.).
- Stellen Sie klar, dass Fantasie gefragt ist, und dass man sich nicht all zu eng an den Bildstimulus halten muss.
- Beim Szenario „Erzählen und berichten " genügt es, wenn eine/r der beiden Partner/innen etwas erzählt.
- Das Szenario „Handlungsbegleitende Gespräche" wurde ausgespart, da im diesem Spiel nur gesprochen und nicht agiert wird.

Beispiel: Bildkarte Hund

- Jemanden einladen: „... und Sie können gern Ihren Hund mitbringen."
- Jemanden überreden: „Och bitte, Mama, kauf' mir doch einen Hund!"
- Um Rat bitten: „Soll ich den Kindern einen Hund kaufen?"
- Sich beschweren: „Ihr Hund macht immer direkt vor unsere Haustür!"
- Dienstleistungsgespräch: beim Tierarzt
- Um einen Gefallen bitten: „Schatz, könntest du heute mit dem Hund rausgehen?"
- Smalltalk: „Das ist aber ein schöner Hund!"
- Um Informationen bitten: „ Sind in der Ferienwohnung Hunde erlaubt?
- Etwas erklären und Auskunft geben: Instruktionen für den Hundesitter
- Erzählen und berichten: eine Hundegeschichte
- Diskussion: „Die Deutschen lieben ihre Hunde mehr als ihre Kinder – stimmt das?"
- Konsensfindung: Soll ein neuer Mitbewohner mit Hund in die WG aufgenommen werden?

Spielregeln

Das Dialog-Würfelspiel

- Setzt eure Spielfiguren auf „Start". Jedes Paar hat zusammen eine Figur.

- Das erste Paar würfelt und geht vorwärts. Ihr landet zum Beispiel auf dem Szenario „Dienstleistungsgespräch".

- Außerdem zieht das Paar eine Bildkarte, zum Beispiel die Karte mit dem Kinderwagen.

- Spielt mit eurem Partner oder eurer Partnerin einen kleinen Dialog, der zu dem Szenario und zu dem Bild passt, z. B.:

  „Kann ich Ihnen helfen?" – „Ja, ich suche ein Geschenk für meine Nichte. Sie hat gerade ein Baby bekommen." – „An was haben Sie da gedacht? Babykleidung, oder eher Spielsachen?" usw.

- Wenn ihr keine Idee habt, müsst ihr zurück auf euren alten Platz auf dem Spielfeld rücken.

- Die Karte legt ihr wieder ganz nach unten unter den Stapel.

- Dann kommt das nächste Paar an die Reihe.

Bildkarten

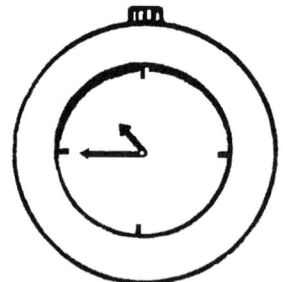

Spielplan

START

ZIEL

© Ernst Klett Sprachen GmbH, Stuttgart 2016 | www.klett-sprachen.de | Alle Rechte vorbehalten
Kopieren für den eigenen Unterrichtsgebrauch gestattet.
ISBN 978-3-12-675184-1

Klett

44 Wortkartenpaare

Niveau

ab A1

Material und Vorbereitung

- Wortkartenpaare erstellen

Dauer

10–20 Minuten

Verlauf

1. Eine Grundtechnik zum Einüben von Redemitteln oder auch ganz allgemein von Wortschatz sind die Wortkartenpaare. Wie bei dem Spiel „Memory" oder „Pairs" gibt es immer zwei Karten, die zusammengehören.
2. Bei Spielbeginn werden alle Karten (die Anzahl hängt ab von der Menge der Redemittel) gemischt und verdeckt auf einen Tisch gelegt. Reihum deckt jede/r Mitspielende zwei Karten auf. Passen die Karten zusammen, darf er/sie die Karten behalten, wenn nicht, müssen sie wieder umgedreht und zurückgelegt werden. Das Spiel ist zu Ende, wenn alle Paare gefunden sind.

Anmerkungen und Varianten

- Die Wortkartenpaare werden am besten von dem/der KL oder den TN hergestellt. Dabei gibt es verschiedene Möglichkeiten (siehe auch gegenüberliegende Seite). Man kann jeweils ein Redemittel mit der passenden Antwort verknüpfen.
- Weiterhin gibt es die Möglichkeit, gleiche Redemittel, aber aus unterschiedlichen Sprachregistern (z. B. du / Sie) zu verwenden.
- Oder nehmen Sie gleiche Redemittel aus verschiedenen Situationen (z. B. Restaurant und Bahnhofsschalter) oder gleiche Redemittel mit verschiedenen Kontexten (z. B. Höflichkeitsausdrücke)

Beispiele für Wortkartenpaare

Minidialog

Guten Tag, mein Name ist Paula Müller.	Angenehm, Meier.

Redemittel formell – informell

Guten Tag, mein Name ist Paula Müller.	Hallo, ich bin Paula.

gleiche Redemittel – verschiedene Situationen

Ich hätte gern ein Wiener Schnitzel mit Salat.	Ich hätte gern eine ICE-Fahrkarte nach Bremen und zurück.

45 Zickzack-Dialog

Niveau

A1 – A2

Material und Vorbereitung

- pro TN ein Dialogteil (auf A4-Papier, entweder Dialog aus dem Lehrwerk oder ein von KL erdachter Dialog, s. Beispiel)
- Ball

Dauer

10–20 Minuten

Verlauf

1. KL legt die Dialogteile in die Mitte des Klassenraums auf den Fußboden oder auf einen Korridor zwischen den Tischen. Die TN sortieren den Dialog in zwei Reihen (siehe Beispiel) in die richtige Reihenfolge. KL unterstützt die TN dabei.
2. Dann stellt sich je ein/e TN zu einem Dialogteil.
3. Runde 1: KL spricht den ersten Dialogteil vor, TN wiederholt. Der Ball wird zum/zur gegenüberstehenden TN geworfen, KL spricht vor, TN wiederholt und wirft den Ball wieder dem/der nächsten gegenüberstehenden TN zu usw.
4. Runde 2: TN spielen den Zickzackdialog alleine durch, KL korrigiert, indem der Ball an den/die TN zurückgeworfen wird.
5. Es werden mehrere Runden gespielt, bis die TN den Dialog auswendig sprechen können.
6. Als nächsten Schritt kann man zu einem Skelett-Dialog übergehen (S. 126)

Anmerkung

- Im Idealfall haben Sie so viele Dialogteile wie Kursteilnehmer. Wenn Sie weniger Kursteilnehmer haben, können einzelne TN zwei Dialogteile übernehmen. Wenn Sie mehr TN haben, erweitern Sie den Dialog oder lassen zwei Personen abwechselnd ihren Dialogteil sprechen.

Beispiel Zickzack-Dialog

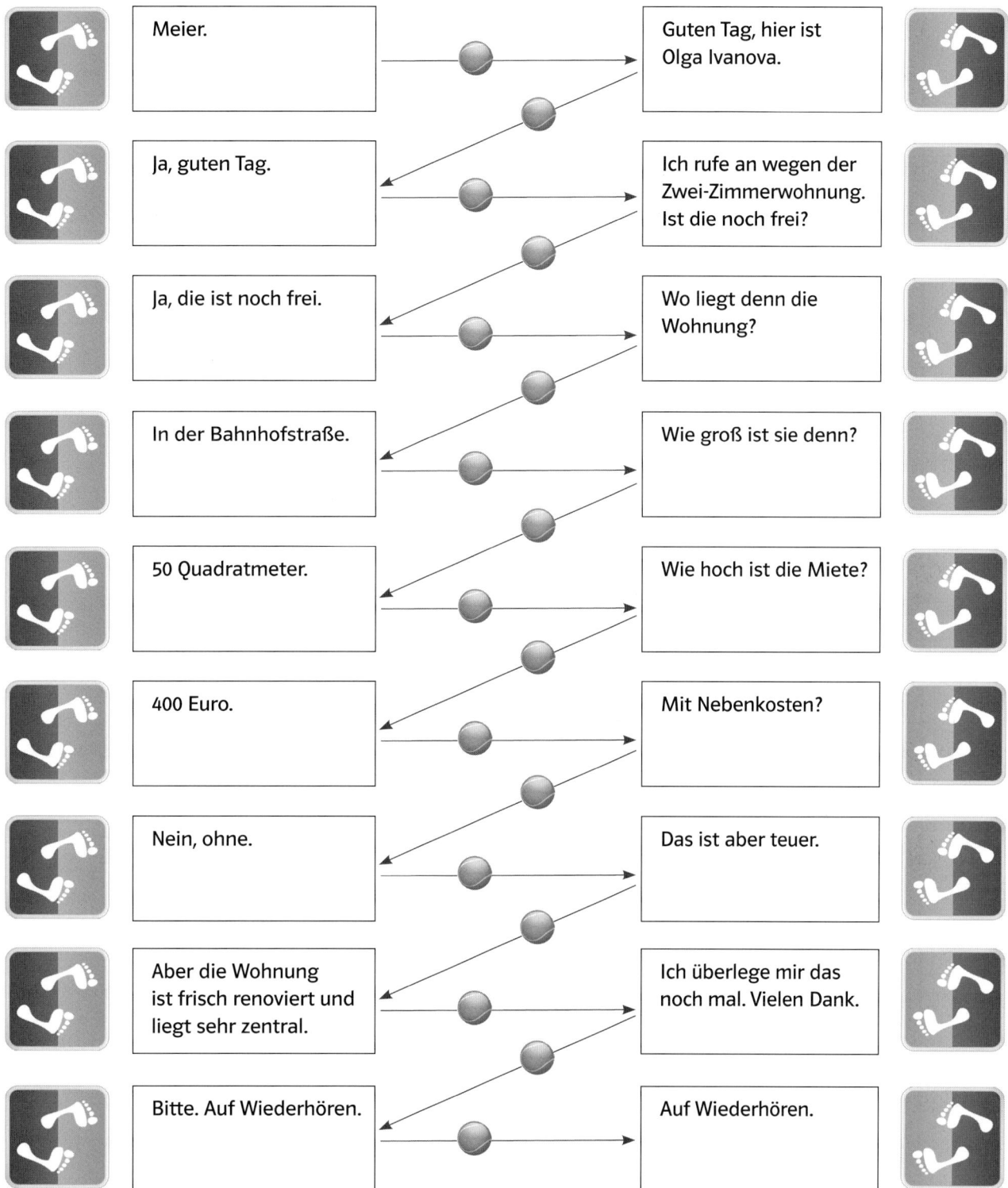

Meier.	Guten Tag, hier ist Olga Ivanova.
Ja, guten Tag.	Ich rufe an wegen der Zwei-Zimmerwohnung. Ist die noch frei?
Ja, die ist noch frei.	Wo liegt denn die Wohnung?
In der Bahnhofstraße.	Wie groß ist sie denn?
50 Quadratmeter.	Wie hoch ist die Miete?
400 Euro.	Mit Nebenkosten?
Nein, ohne.	Das ist aber teuer.
Aber die Wohnung ist frisch renoviert und liegt sehr zentral.	Ich überlege mir das noch mal. Vielen Dank.
Bitte. Auf Wiederhören.	Auf Wiederhören.

46 Skelett-Dialog

Niveau

A1 – A2

Material und Vorbereitung

- pro TN ein Dialogteil (auf A4-Papier, entweder Dialog aus dem Lehrwerk oder ein von KL erdachter Dialog)
- Ball
- vorangegangenes Spiel: Zickzack-Dialog (S. 124)

Dauer

ca. 10 Minuten

Verlauf

1. Die Dialogteile des vorangegangenen Zickzack-Dialogs liegen in der Mitte des Klassenraums auf dem Fuß-boden oder auf einem Korridor zwischen den Tischen, die TN stehen bei ihren Dialogteilen.
2. Runde 1: KL dreht einige Dialogteile um, so dass sie nicht mehr gelesen werden können. KL fordert die TN, die neben einem leeren Blatt stehen auf, frei zu antworten. KL kann dabei zuerst Unterstützung geben. Der Ball wird zum gegenüberstehenden TN geworfen, der/die jetzt auf den veränderten Dialogteil antwor-ten muss. Wenn diese/r TN neben einem aufgedeckten Dialogteil steht, muss er/sie diesen passend ver-ändern usw.
3. Runde 2: KL dreht weitere Dialogteile um, bevor das Spiel fortgesetzt wird.
4. Es werden weitere Runden gespielt, bis alle Dialogteile umgedreht sind und die TN einen freien Dialog spre-chen. Dabei darf sich auch das Thema ändern.

Anmerkungen

- Wenn alle Dialogteile umgedreht sind, können die TN die Situation ändern, bleiben aber im gleichen Szena-rio und können so die gleichen Redemittel auf verschiedene Situationen übertragen. Als KL sollten Sie die TN dazu ermuntern und, wenn nötig, Hilfestellung geben.
- Je freier der Dialog wird, desto weniger sollten Sie korrigieren. Sonst wird die Kreativität der TN einge-schränkt. Lassen Sie also „Experimente" zu, auch wenn diese nicht immer hundertprozentig korrekt sind.

47 Meisenknödel kaufen

Niveau

ab A2

Ziel

fehlenden Wortschatz kompensieren

Material und Vorbereitung

- Bildkarten kopieren und ausschneiden
- farbige Papierstreifen zuschneiden (halb so viele, wie Ihre Lerngruppe TN hat)
- Redemittel vergrößern und aufhängen

Dauer

10–20 Minuten

Verlauf

1. Geben Sie der Hälfte der TN je einen farbigen Papierstreifen. Erklären Sie, dass man an dem Streifen erkennen kann, wer ein Ladengeschäft hat. Es handelt sich um die Art von Kramladen, wo man praktisch alles kaufen kann.
2. Die anderen TN bekommen je eine Bildkarte. Diese dürfen sie niemandem zeigen. Sie sollen versuchen, den abgebildeten Gegenstand zu kaufen. Dazu suchen sie sich jemanden, der einen Laden hat.
3. Wenn beide TN sicher sind, sich richtig verstanden zu haben, ist der Einkauf abgeschlossen. Die beiden TN tauschen Bildkarte und Papierstreifen miteinander und suchen sich neue Partner – wer in der ersten Runde einkaufen sollte, hat jetzt den Laden, wer einen Laden hatte, versucht jetzt selbst, den Gegenstand auf der Bildkarte zu kaufen. Nach dem nächsten Verkaufsgespräch wird dann wieder getauscht.
4. Bleiben Sie im Hintergrund, bis die Aufgabe gelöst ist.

Anmerkungen

- Verraten Sie den TN auf keinen Fall, wie die Gegenstände auf Deutsch heißen, so lange das Spiel läuft (auch nicht nach erfolgtem Einkauf). Sie beschäftigen sich sonst damit, sich die neuen Vokabeln einzuprägen anstatt sich auf die Kompensationsmittel zu konzentrieren. Wenn die TN das möchten, können Sie den Wortschatz nach Beendigung des Spiels nachliefern. Es handelt sich aber natürlich nicht um Kernwortschatz, der gelernt werden müsste.
- Durch den ständigen Tausch bekommen manche TN Bilder, die sie schon einmal hatten. In diesem Fall sollen sie zu Ihnen kommen und sich etwas Neues geben lassen.
- Gerade bei niedrigem Sprachniveau kann das Erfolgserlebnis bei diesem Spiel beträchtlich sein – man hat es geschafft, zu bekommen, was man wollte, obwohl man nicht wusste, wie es auf Deutsch heißt.

Bildkarten

Das ist
- ... so ein Ding ...
- ... so ein Gerät ...
- ... so ein Zeug, mit dem man ...
- ... so eine Art ...
- ...

- Damit kann man ...
- Das braucht man für ...
- Das braucht man, wenn man ...
- ...

Wenn man ein Wort nicht weiß

- Wissen Sie, was ich meine?
- Ich weiß nicht, wie das auf Deutsch heißt.
- ...

- Es sieht (so ähnlich) aus wie ...
- Es riecht (so ähnlich) wie ...
- Es schmeckt (so ähnlich) wie ...
- ...

48 Zahlengespräch

Niveau

ab B1

Ziel

nonverbale Feedbacksignale üben

Material und Vorbereitung

–

Dauer

ca. 20–30 Minuten

Verlauf

1. Spielen Sie den TN vor, wie Sie jemandem zuhören und mit kleinen Feedbacksignalen reagieren.
2. Lassen Sie die TN spekulieren, um was es in dem Gespräch ging. Den genauen Inhalt zu erraten dürfte unmöglich sein und ist auch nicht das Ziel. Die meisten TN werden aber sehr wohl in der Lage sein zu beurteilen, ob Sie etwas Ernstes oder etwas Lustiges gehört haben, ob die andere Person etwas von Ihnen wollte, ob Sie eine Einladung erhalten haben, über die sich freuen usw.
3. Die TN tun sich paarweise zusammen und überlegen sich einen kurzen Dialog mit beliebigem Inhalt. Dabei soll vorwiegend eine Person reden, die andere hauptsächlich zuhören. Wir nennen sie hier „Sprecher/in" und „Zuhörer/in".
4. Nun üben die Paare das verabredete Gespräch ein – aber ohne Text. Das bedeutet:
   - Der/die „Sprecher/in" ersetzt ihren Text durch Zahlen. Abgesehen davon spricht er/sie aber mit der Intonation, der Mimik und Gestik, die die Situation verlangt.
   - Der/die „Zuhörer/in" reagiert ebenfalls so, wie die Gesprächssituation es verlangt: Mit Mimik, Gestik und anderen körpersprachlichen Signalen wie Wegschauen, Schulterzucken, Kopfschütteln usw.; mit kleinen Lauten („M-hm." – „Ah!" etc.), Lachen, Zungenschnalzen usw. Auch „kleine Wörter" wie „ja", „ach", „klar" sind erlaubt. An Stellen, an denen die Zuhörerin mehr sagen muss, verwendet sie ebenfalls Zahlen (Beispiel s. nächste Seite).
5. Die Paare spielen ihre Gespräche vor; die restliche Gruppe äußert jeweils ihre Vermutungen, worum es geht.
6. Bei korrekten Vermutungen fragen Sie die TN, woran sie gemerkt haben, worum es ging.

Anmerkungen

- Wenn es nicht gelingt, Rückschlüsse auf das Gespräch zu ziehen, kann das zwei Ursachen haben: Entweder setzt das Paar, das das Gespräch führt, die im deutschsprachigen Raum üblichen Signale nicht korrekt ein oder die anderen TN sind nicht darin geübt, diese Signale zu erkennen.
- In beiden Fällen sollten Sie den TN Gelegenheit geben, mehr über diesen Bereich deutschsprachiger Kommunikation zu lernen: Sie können die TN bitten, auf der Straße und in Cafés Gespräche zu beobachten, oder gemeinsam mit Ihnen Videoaufzeichnungen analysieren. Lassen Sie die TN reflektieren und berichten, welche Unterschiede zu ihren Herkunftsländern es in diesem Bereich gibt:
  In manchen Ländern gilt es z.B. als unhöflich, dem Gesprächspartner direkt in die Augen zu schauen, während im deutschsprachigen Raum anhaltend vermiedener Blickkontakt suspekt wirken kann.
  Eine in Dynamik und Tonhöhe variationsreiche Intonation signalisiert im deutschsprachigen Raum meist Interesse oder Begeisterung, während sie beispielsweise im Farsi unhöflich wirken kann, weil man sich in diesem Ton an Kinder oder an Menschen, die schwer von Begriff erscheinen, wendet.

Beispiel

TN A: Eins ...?

TN B: Mm? *(wendet sich A zu)*

TN A *(mit Lachen in der Stimme)*: Einszweidrei ... Vierfünfsechssiebenacht!

TN B *(erwartungsvolles Lächeln)*: Ja?

TN A: Einszweidreivierfünfsechssiebenacht ... neunzehnelf ... Einszweidreivierfünf ...

TN B: M-hm, m-hm, ja ... *(nickt wiederholt, beugt sich vor)*

TN A: Einszweidrei ... Vierfünfsechssieben ...

TN B: Nee, oder? *(beugt sich noch weiter vor, reißt die Augen auf)*

TN A: Einszweidreivierfünf ... Sechssieben ... Acht! Neunzehnelf! Zwölf!" *(lacht)*

TN B: Was!? Oh nein! *(lacht)* Einszweidreivierfünf!

TN A: Ja, oder? *(grinst und schüttelt den Kopf)* Einszweidreivier.

→ Kommentare der anderen TN:

A erzählt eine lustige Geschichte.

Ja, aber die Geschichte ist auch ein bisschen schockierend.

B hat Lust, die Geschichte zu hören.

Ich glaube, A und B sind Freundinnen.

Vielleicht ist die Geschichte über eine andere Person, die etwas Dummes gemacht hat.

...

49 Klar soweit?

Niveau

ab A2

Ziel

Verständnissicherung üben

Material und Vorbereitung

- Bildkarten vergrößern und ausschneiden
- evtl. Redemittel vergrößern und aufhängen

Dauer

10–20 Minuten

Verlauf

1. Die TN sitzen paarweise Rücken an Rücken und halten Stift und Papier bereit.
2. Geben Sie jeweils einem/einer der beiden TN ein Bildkärtchen. Der/die andere TN darf sich nicht umdrehen und auf das Kärtchen schauen.
3. Die TN mit den Kärtchen beschreiben ihren Partner/innen das Bild; diese zeichnen eine möglichst genaue Reproduktion.
4. Danach dürfen die beiden Original und Reproduktion vergleichen.
5. Die nächste Runde wird mit vertauschten Rollen gespielt.

Anmerkungen und Varianten

- Sammeln Sie vor dem Spiel mit den TN sprachliche Möglichkeiten, das Verständnis zu sichern (dazu auch „Verständnis sichern" S.11) oder hängen Sie die Redemittel auf.
- Gehen Sie während des Spiels herum und ermutigen Sie die TN zum Nachfragen (falls nötig).
- Die Bildkarten sind nur Beispiele. Sie können auch selbst welche entwerfen und diese schwieriger oder einfacher gestalten, je nach Sprachstand der TN.

Bildkarten

- Alles klar?
- Klar soweit?
- Ist bis hierhin alles klar?
- …

- Also, Sie meinen …
- Du meinst also …
- Habe ich das richtig verstanden?
- Ich wiederhole das noch mal, ja?
- …

Verständnis sichern

- Wie bitte?
- Einen Moment bitte.
- Moment mal …
- Wiederholen Sie das bitte noch einmal?
- Kannst du das noch mal wiederholen?
- Da bin ich nicht ganz mitgekommen.
- Kannst du das ein bisschen genauer erklären?
- Tut mir leid, jetzt komme ich nicht mehr mit.
- Könnten Sie ein bisschen langsamer sprechen?
- Das verstehe ich nicht.
- Ich blicke noch nicht ganz durch.
- …

- Ja.
- Okay.
- M-hm.
- Ja, gut. Und weiter?
- Alles klar.
- Aha.
- Verstehe.
- …

Klett

50 Redemittel-Monitor

Niveau

ab A2

Ziel

Feedback geben

Material und Vorbereitung

- eine Möglichkeit, für die TN nicht sichtbar mitzuschreiben: am besten ein Flipchart, auch ein an einen Beamer angeschlossener Computer, Folie für einen Overheadprojektor oder eine klappbare Tafel funktionieren

Dauer

je nach Dauer des begleiteten Spiels

Verlauf

1. Die Gruppe führt eine Aktivität durch, die kein Eingreifen des/der KL erfordert, z. B. ein Diskussions- oder Gesprächsspiel wie „Themenstationen", eine Problemlösungsaktivität wie „Geschichtenpuzzle" oder ein Verhandlungsspiel wie „Immobilienmakler"
2. KL notiert verdeckt alle korrekten Redemittel, die dabei von den TN verwendet werden. Am besten schreibt man dabei den Titel des Szenarios in die Mitte (z. B. „Diskussion") und schreibt die Redemittel in Sprechblasen rund herum. Nehmen Sie unbedingt „kleine Redemittel" wie „Ja.", „Doch!" oder „Naja ..." mit auf!
3. Nach Abschluss der Aktivität zeigt KL diese Übersicht und erklärt, dass alles, was dort steht, korrekt ist und von den TN verwendet wurde.

Anmerkungen

- Der Redemittel-Monitor ist eigentlich kein Spiel, sondern ein Feedback-Verfahren, das es den TN ermöglicht, einen bewussten Blick auf ihre eigene mündliche Produktion zu werfen. Ähnlich wie bei Korrekturangeboten erhalten sie hier ein Feedback, allerdings nicht über das, was falsch war, sondern über das, was korrekt war und erfolgreich angewendet wurde.
- Dieses Verfahren ist für viele TN sehr befriedigend. Wir haben schon erlebt, dass sich ganze Kurse spontan selbst applaudierten. Vielen Lernenden wird erst so bewusst, wie viel sie in der Fremdsprache tatsächlich leisten können.
- Erliegen Sie keinesfalls der Versuchung, zusätzliche Redemittel oder bereinigte Fassungen von fast korrekten Redemitteln mit aufzunehmen. Die TN werden dies früher oder später merken.
- Die oben erwähnten Diskursmarker („Hm." – „Ach so." usw.) sind sehr wichtig für erfolgreiche Kommunikation (s. dazu auch „Zahlengespräch" S. 130), deshalb sollten sie ebenfalls in der Sammlung erscheinen.
- Ermuntern Sie die TN, die Übersicht zu fotografieren, falls sie die Möglichkeit dazu haben.
- Wenn Sie das Blatt als Aushang für eine spätere Weiterarbeit aufbewahren möchten, können Sie es mit Pastellkreide kolorieren. Das bietet sich besonders an, wenn Sie die Redemittel beim Aufschreiben bereits in eine Ordnung gebracht haben (z. B. Zustimmendes auf einer, Ablehnendes auf der anderen Seite). Dazu die Sprechblasen mit einigen Strichen füllen, anschließend mit Küchenpapier gründlich verwischen.

51 Drei gewinnt

Niveau

ab A1

Ziel

Fehlerkorrektur

Material und Vorbereitung

- Liste mit neun nummerierten, zuvor gesammelten fehlerhaften Ausdrücken oder Sätzen (zur Sammlung von wichtigen Fehlern s. „Korrekturen" S.13)

Dauer

15–20 Minuten

Verlauf

1. Zeichnen Sie ein kleines Beispieldiagramm für „Drei gewinnt" (Regel und Diagramm s.u.) an die Tafel und fragen Sie, wer das Spiel kennt. Teilen Sie dann die Gruppe in zwei Teams und stellen Sie sicher, dass in jedem Team mindestens eine Person ist, die mit dem Spiel vertraut ist.
2. Zeichnen Sie dann ein größeres Spielfeld an, in dem die Kästchen zusätzlich von 1–9 nummeriert sind.
   - Das Los entscheidet, welches Team beginnt.
   - Das erste Team bespricht sich und wählt ein Feld aus. KL liest den entsprechenden Satz vor, und das Team macht einen Korrekturversuch. Es gibt nur einen Versuch pro Runde, deshalb sollte sich die Gruppe unbedingt beraten! War der Korrekturversuch erfolgreich, wird das Symbol des Teams (Kreuz oder Kreis) in das Kästchen gezeichnet – war die Korrektur nicht erfolgreich, steht es dem anderen Team frei, das gleiche Kästchen zu wählen oder ein anderes.

Anmerkungen

- Lesen Sie den jeweiligen Satz so oft vor wie gewünscht, lassen Sie aber nicht zu, dass jemand mitschreibt.
- Das gegnerische Team sollte gut zuhören, auch wenn es gerade nicht dran ist – vielleicht schlägt der Korrekturversuch ja fehl und es kann einen eigenen Versuch starten.

Regeln für die Originalfassung von „Drei gewinnt"

- Zwei Spieler/innen haben einen Spielplan aus 3 x 3 Feldern vor sich. Jede/r hat ein Symbol: Spieler/in A ein Kreuz und Spieler/in B einen Kreis.
- A zeichnet in ein Feld seiner/ihrer Wahl ein Kreuz; dann kommt B an die Reihe und zeichnet einen Kreis (s. Abbildung).
- Wer es zuerst schafft, eine Dreier-Reihe mit seinem Symbol zu bilden (waagerecht, senkrecht oder diagonal), hat gewonnen.

Beispieldiagramm

X	O	X
O	O	X
X	O	

Spieler B gewinnt

52 Der Große Preis

Niveau

ab A1

Ziel

Fehlerkorrektur

Material und Vorbereitung

- Liste mit ca. zehn zuvor gesammelten fehlerhaften Ausdrücken und Sätzen (zur Sammlung von wichtigen Fehlern s. „Korrekturen" S. 13)
- Ordnen Sie auf Ihrer Liste jedem Satz einen bestimmten Geldbetrag zu und notieren Sie sich zwei weitere Beträge, die sie als Joker markieren.

Dauer

10–20 Minuten

Verlauf

1. Schreiben Sie alle Geldbeträge (inkl. der Joker-Beträge) bunt verteilt an die Tafel.
2. Lassen Sie Paare bilden und legen Sie an der Tafel für jedes Paar eine Spalte zur „Kontoführung" an.
3. Es wird gelost, wer beginnt. Das Spielerpaar wählt aus der Übersicht einen Geldbetrag aus.
4. KL liest den entsprechenden Satz vor. Das Paar hat jetzt genau einen Korrekturversuch frei (deshalb zuerst beraten!). War die Korrektur erfolgreich, wird der Geldbetrag gestrichen und dem Konto des Paares gutgeschrieben. Dann kommt das nächste Paar an die Reihe. War die Korrektur nicht erfolgreich, bleibt der Geldbetrag im Spiel – ein anderes Paar kann diesen Satz noch einmal wählen und einen weiteren Korrekturversuch machen. Trifft ein Paar auf einen Joker, bekommt es den Betrag einfach so gutgeschrieben.

Anmerkungen und Varianten

- Lesen Sie den jeweiligen Satz so oft vor wie gewünscht, lassen Sie aber nicht zu, dass jemand mitschreibt.
- Alle sollten gut zuhören, auch wenn sie gerade nicht dran sind – vielleicht schlägt der Korrekturversuch ja fehl und man kann es selbst versuchen.
- Einige unserer TN kamen auf die Idee, bei ungültigen Korrekturen sollte der Geldbetrag vom Konto abgezogen werden, damit ein Risikofaktor ins Spiel kommt. Eine andere Gruppe (die sich offenbar noch gut an Wim Thoelke erinnern konnte) wollte spezielle Risikofragen im Spiel.

53 Verbessern im Kugellager

Niveau

ab A2

Material und Vorbereitung

–

Dauer

ca. 10 Minuten

Verlauf

1. Die TN sitzen oder stehen sich in einem Innen- und einem Außenkreis gegenüber (Kugellagerformation).
2. Sagen Sie den TN, dass es darum geht, sich höflich und verbindlich auszudrücken. Nennen Sie dazu eine passende Situation – z. B. „bei einem Meeting".
3. Äußern Sie nun einen unpassenden Satz, der grob, unhöflich oder auf andere Weise unpassend wirkt, z. B. „Puh, hier stinkt's!" Fragen Sie dann die TN, wie man es besser sagen könnte.
4. Jeder hat nun ca. eine Minute Zeit zum Brainstorming mit seinem Gegenüber im anderen Kreis.
5. Lassen Sie einige Paare Lösungsvorschläge machen. Beispiele: „Stört es Sie, wenn ich das Fenster öffne?" – „Die Luft ist hier nicht besonders gut, finden Sie nicht auch?" – „Ich würde gern ein wenig frische Luft hereinlassen, ist das okay?"
   Der Außenkreis bewegt sich zwei Plätze weiter. Geben Sie nun den nächsten Satz an die TN.

Anmerkungen und Varianten

- Wenn Sie für ein paar Beispiele Verbesserungsvorschläge gesammelt haben, können Sie mit den Lernenden besprechen, welche Gemeinsamkeiten sie darin erkennen können (z. B.: Fragen statt Aussagen, Konjunktiv, „abmildernde" Wörter wie Partikeln, Vermeidung negativer Ausdrücke, „vorwarnende" Floskeln wie „Ich fürchte …", „Um die Wahrheit zu sagen …" etc.).
- Sie können diese Strategien auch vor dem Spiel besprechen, beim „Verbessern im Kugellager" sollen sie dann angewendet werden.
- Die Notwendigkeit, höflicher oder freundlicher zu sein, ist nicht an die Sie-Form gebunden (so könnte eine Situation z. B. ein Besuch bei den Schwiegereltern sein).
- Ein unpassendes soziales Register kann auch bedeuten, dass man „nach unten hin" regulieren muss. So wird z. B. übertriebene Höflichkeit unter Freunden schnell als Sarkasmus interpretiert. Beispiel für die Situation Kaffeetrinken mit Freunden: „Ich wäre dir dankbar, wenn du mir die Milch reichen könntest." – Verbesserungsvorschlag: „Gibst du mir (bitte) mal die Milch?"

54 Szenen eines Lebens

Niveau

ab A2

Material und Vorbereitung

–

Dauer

10–15 Minuten

Verlauf

1. Fragen Sie die TN, um welche prominente Persönlichkeit es in dem Spiel gehen soll. Sagen Sie ihnen, dass Mini-Dialoge aus dem Leben dieser Person gespielt werden sollen.
2. Ein Stuhl wird in die Mitte gestellt. Darauf nimmt jemand Platz, der die prominente Person verkörpern soll. Hinter dem Stuhl steht eine Ersatzmannschaft aus drei bis vier weiteren TN.
3. Alle anderen TN versammeln sich mit etwas Abstand auf der linken Seite.
4. Von diesen links stehenden TN geht jemand auf die prominente Hauptperson zu und spricht sie aus einer bestimmten (gedachten) Rolle heraus an. Die Hauptperson antwortet mit einem passenden Satz und im passenden Ton (s. Beispiel).
5. Wer das Spielangebot gemacht hat, geht nach rechts ab, und sofort kommt von links der/die Nächste. Sobald die Hauptperson keine Lust mehr hat, steht sie auf. Der Stuhl muss dann sofort von einem Mitglied der Ersatzmannschaft besetzt werden.

Anmerkungen

- Es geht nicht um biografische Richtigkeit, die Szenen und die beteiligten Personen dürfen der Fantasie der TN entstammen.
- Ein ähnliches Spiel ist im Improvisationstheater unter dem Namen „Drehtür" bekannt. Wir haben es gern aufgegriffen, da sich damit besonders gut der flexible Umgang mit der Du- und der Sie-Form sowie die Wahl des richtigen Registers trainieren lässt. Die Anwesenheit einer Ersatzmannschaft verhindert, dass die recht anspruchsvolle Aufgabe, die prominente Persönlichkeit zu spielen, zu viel Stress mit sich bringt.

Beispiel

→ Die Gruppe hat als prominente Person Karl Lagerfeld gewählt.

TN 1:	Karl, hast du deine Hausaufgaben gemacht?
„Karl Lagerfeld":	Ja, ja, längst fertig!
TN 2:	Herr Lagerfeld! Ich bin ein großer Verehrer von Ihnen!
„Karl Lagerfeld":	Das freut mich. Möchten Sie vielleicht ein Autogramm?
TN 3:	Herr Lagerfeld, hier sind die Stoffe für die neue Kollektion.
„Karl Lagerfeld":	Unmöglich. Die Farben sind ganz anders als bestellt. Schicken Sie alles zurück.
TN 4:	Möchtest du ein Eis, mein Spatz?
„Karl Lagerfeld":	Au ja, Tante Emmi! Schokolade und Himbeer!

55 Höflich, unhöflich, salopp

Niveau

ab A2

Material und Vorbereitung

–

Dauer

10–15 Minuten

Verlauf

1. Zwei Paare erklären sich bereit, zu einer bestimmten Situation einen Dialog zu improvisieren. Die übrigen TN sind das Publikum und sitzen mit Blickrichtung auf die beiden Paare.
2. Das Publikum wünscht sich eine Situation, z. B. „Beim Zahnarzt".
3. Das linke Paar spielt nun Stück für Stück die Situation. Das Besondere daran: Beide treten als absolute Grobiane auf. Das rechte Paar hat die Aufgabe, nach jedem Gesprächsabschnitt den Dialog zu „übersetzen", und zwar in eine ausgesucht höfliche und diplomatische Version (s. Beispiel).
   Lassen Sie zwei bis drei verschiedene Situationen spielen – jedes Mal sind zwei andere Paare dran.

Anmerkungen und Varianten

- Erfahrungsgemäß machen den TN die gespielte Unhöflichkeit und der damit verbundene Tabubruch großen Spaß. Im Anschluss an das Spiel können Sie die TN berichten lassen, welches Gesprächsverhalten in ihren Herkunftsländern erwünscht oder inakzeptabel wäre.
- Je nach Situation kann man die Dialoge auch „nach unten hin" übersetzen lassen, von übertrieben höflich zu angemessenen locker (s. auch Anmerkungen zu „Verbessern im Kugellager", S. 138)
- Das Publikum kann auch genauere Angaben machen, z. B. links ist der Patient der neue Ehemann der Exfrau des Zahnarzts, rechts ist er ein alter Schulfreund.

Beispiel

TN 1: Mund auf!
TN 3: Wenn Sie bitte den Mund öffnen würden …
TN 1: Ach du Schande! Wie sieht's denn da drin aus!?
TN 3: Oh, hmja, ich sehe schon …
TN 1: Wissen Sie eigentlich, wie eine Zahnbürste aussieht? Das sind diese Dinger mit den Borsten, schon mal von gehört?
TN 3: Vielleicht dürfte ich Ihnen nach der Behandlung noch einmal die richtige Putztechnik zeigen? Verstehen Sie mich nicht falsch, aber die Mundhygiene ist schon sehr wichtig.
TN 2: Quatschen Sie mich nicht voll, Mann! Gucken Sie lieber mal, was da oben links so saumäßig weh tut.
TN 4: Ja, gern. Vielleicht könnten Sie sich aber zuerst den Zahn oben links anschauen, der macht mir etwas Kummer …

usw.

Spielefinder

Hier finden Sie alle Spiele in Stichworten.

Szenarienspezifische Spiele

1 Wer tut mir den Gefallen?	TN suchen jemanden, der ihnen einen bestimmten Gefallen tut. Sie müssen ihr Glück bei mehreren Personen versuchen, zu denen sie in unterschiedlichen Beziehungen stehen.
2 Heute leider nicht	TN sagen einer Bitte um einen Gefallen höflich ab und begründen dies.
3 Rätselhafte Reklamationen	TN reklamiert einen gekauften Gegenstand, ohne zu wissen, um was es sich dabei handelt.
4 Inseln der Ärgernisse	Rund um ein Bild werden verschiedene alltägliche Beschwerde-situationen mit wechselnden Partner/innen improvisiert.
5 Diva	Eine zickige Diva soll überredet werden, etwas Bestimmtes zu tun.
6 Womit kriege ich dich?	TN suchen Leute, die mit ihnen in den Urlaub fahren – diese zeigen aber nur Interesse, wenn sie mit dem richtigen Thema angesprochen werden.
7 Verrücktes Restaurant	Restaurant-Rollenspiel, in dem die Kellner/innen zusätzlich Auskunft geben müssen, was die (Fantasie-)Begriffe auf der Speisekarte bedeuten.
8 Stummer Reisender	Rollenspiel am Informationsschalter eines Bahnhofs, in dem der/die stumme Reisende mehr oder weniger wichtige Fragen und Anliegen hat.
9 Kopfschmerzen und Tabletten	TN holen von verschiedenen Leuten verschiedene Ratschläge für das-selbe Problem ein.
10 Wo drückt der Schuh?	TN erfinden fiktive Personen mit fiktiven Problemen, die sich gegenseitig in einer Fernsehsendung beraten.
11 Kochberatung	TN holen sich Rat, was sie mit einer begrenzten Auswahl an Zutaten kochen können.
12 Der wandernde Terminkalender	TN laden sich in kurzen „Telefonaten" gegenseitig ein, während der wan-dernde Terminkalender immer voller wird.
13 Es tut mir schrecklich leid	TN haben zahlreiche Gründe, warum sie eine Einladung absagen müssen.
14 Hallo, wie geht's?	„Plumpsack"-Spiel mit Mini-Smalltalk
15 Vorsicht, ansteckend!	TN spielen Alltagsgespräche – die handelnden Personen stecken sich dabei gegenseitig mit ihrer Stimmung an.
16 Interessante und langweilige Gesprächspartner	Auf einer Party: TN interessieren sich für verschiedene Themen und ver-suchen, sich höflich den langweiligen Gesprächspartner/innen zu ent-ziehen.
17 Münzenschnappen	Reaktionsspiel: Erst wenn das Signal ertönt, darf nach der Münze geschnappt werden, bis dahin soll ein Gespräch geführt werden.
18 Ach übrigens	Smalltalk zu verschiedenen Themen in Kleingruppen. Die TN versuchen höflich die Erzählenden zu unterbrechen und selbst ihr Thema einzubrin-gen.
19 Kordelrätsel	TN sind durch zwei Kordeln verbunden und versuchen, sich zu befreien.
20 Origami-Botschafter	Boten dürfen zuschauen, wie KL (für die anderen unsichtbar) eine Origamifigur faltet; anschließend erklären die Boten ihren Gruppen, was sie tun sollen.
21 Geschichtenpuzzle	Die Einzelteile einer Geschichte sollen in die richtige Reihenfolge gebracht werden.